Fucking Poor

»Substanz«

Anita Kienesberger

Fucking Poor

Was hat "Sexarbeit" mit Arbeit zu tun?
Eine Begriffsverschiebung und
die Auswirkungen auf den Prostitutionsdiskurs

Die Deutsche Bibliothek verzeichnet diese Publikation
in der Deutschen Nationalbibliografie.
Detaillierte bibliografische Daten sind im Internet abrufbar unter
http://dnb.d-nb.de

1. Auflage November 2014

ISBN 978-3-944442-21-1

Inhalt

Vorwort

Dem vorliegenden Buch liegt meine Thesis zugrunde, die ich 2012 im Masterlehrgang des Rosa Mayreder Collegs in Wien verfasst habe, weil das Thema Prostitution damals wie heute sehr kontrovers diskutiert und als feministisches Kernthema zunehmend in Frage gestellt wird.

Bei meinen Recherchen und während des Schreibens war ich innerhalb der feministischen Bewegungen immer wieder mit stark emotionalisierten Diskussionen konfrontiert. Das Fokussieren vieler Feministinnen und VertreterInnen der Politik auf die Gleichstellung von Prostituierten mit anderen Erwerbstätigen hat mich zu der zentralen Frage geführt, welche Auswirkungen der Normalisierungsdiskurs auf die Betroffenen und auf die gesellschaftliche Wahrnehmung hat. Es interessierte mich, warum PolitikerInnen in Österreich und Deutschland eine so andere Haltung zur Prostitution verfolgen als zum Beispiel die PolitikerInnen in Schweden.

Um mein Unbehagen über den politischen Umgang mit der Prostitution wirklich begründen zu können und um sachlich fundiert meine Haltung zu erklären, war eine intensive Auseinandersetzung auf feministisch-theoretischer, rechtlicher, sozialwissenschaftlicher und medialer Ebene erforderlich.

Obwohl es nicht ganz einfach war, bin ich froh, dass ich mich dieser Herausforderung gestellt habe, denn es stellte sich heraus, dass gerade die Prostitution Machtverhältnisse aufzeigt, die verdeckt werden, um den politischen und ökonomischen Interessen nicht im Weg zu stehen.

Ich bin der tiefen Überzeugung, dass wir als Feministinnen gerade im Neoliberalismus eine andere Form der Auseinandersetzung über das Thema Prostitution brauchen. Diese darf aber nicht losgelöst von der patriarchalen Machtfrage geführt werden. Offensichtlich scheinen viele VertreterInnen der Politik, aber auch viele Feministinnen darüber froh zu sein, dass das komplexe Thema Prostitution – durch die Forderung nach

Gleichstellung von Prostitution mit einer „normalen" Dienstleistung – endlich eine Position gefunden zu haben, die „aufgeklärt" erscheint. Dabei wurde aber vergessen, um welchen Preis wir akzeptieren, dass weiterhin patriarchale, kapitalistische und rassistische Macht- und Ausbeutungsverhältnisse das Leben von Frauen bestimmen, insbesondere das der Prostituierten.

Mit meiner Arbeit wollte ich Anstoß dazu geben, dass jene Aspekte, die der neoliberale Normalisierungsdiskurs verschleiert, wieder in den Fokus der Prostitutionsdebatten gerückt werden.

Anita Kienesberger, im November 2014

Einleitung

1897 veröffentlichten zwei amerikanische Journalistinnen eine Reportage über die Bedingungen indischer Prostituierter in englischen Militärbordellen. Der Bericht erregte internationales Aufsehen und alle waren sich einig: Prostitution ist ein schreckliches Übel und die ärgste Form der Unterdrückung von Frauen. Dementsprechend illustrierten die Journale der damaligen Zeit Beiträge über Prostitution mit Bildern von erniedrigten, in Ketten gelegten Frauen (De Vries 2010, 29).

Die Vorstellung von der versklavten Frau steht im extremen Kontrast zu dem Bild, das hundert Jahre später von Prostituierten entworfen wurde und heute verbreitet ist – nämlich das einer selbstbestimmten Frau, die Prostitution zu ihrem Beruf gemacht hat. Ein Beispiel: Im Juli 2012 präsentierte das EU-Projekt INDOORS, das für mehr Rechte und Selbstbestimmung der im europäischen Raum arbeitenden Prostituierten eintritt und an dem auch zwei österreichische NGOs (LEFÖ und Sophie) beteiligt sind, einen Videoclip über Sexarbeit. Titel des Vier-Minuten Videos: „Equal Right“. Gezeigt werden auf einer geteilten Bildfläche zwei Frauen, die sich in Outfit, Alter und Auftreten kaum unterscheiden. Beide tragen Stöckelschuhe und betreten voller Elan einen Bürokomplex, telefonieren und absolvieren ihre Termine. Die eine, Ana, ist Architektin und die andere, Julia, ist Sexarbeiterin. „Sexwork is also WORK“ and „to work is a RIGHT“ heißt es im Abspann.

Der Video-Clip, der nur im Internet abrufbar war (INDOORS 2012), fand in Österreich medial keinen Niederschlag, einzig das online Medium diestandard (diestandard 11.7.2012) berichtete – in eher unkritischer Weise – darüber. Es wurde nicht hinterfragt, ob Prostitution mit einem „Beruf wie jedem anderen“ vergleichbar ist. In dem Fall wurde die Tätigkeit einer Prostituierten mit der einer Architektin verglichen, mit einem Beruf also, zu dem sich Frauen gemäß einer vernünftigen Karriereplanung frei entscheiden können und durch den sie gesellschaftliche Aufstiegschancen haben. Auf die Frage der Journalistin, wie repräsentativ die im Video dargestellte „unbeschwert-fröhlich" ihrer Arbeit nachgehende Sexarbeiterin sei, antwortet eine Vertreterin von LEFÖ (Verein für Beratung, Bildung und Begleitung für Migrantinnen): „Fakt ist, wir kennen diese Realität, sie wird aber von vielen gesellschaftlichen Instanzen unter den Teppich gekehrt." (....) "Der Fokus der Aufmerksamkeit", so die NGO-Mitarbeiterin, „liege stattdessen meist auf Kriminalität und Gewalt, die man nicht beschönigen wolle, doch prinzipiell gäbe es eben „auch selbstbestimmte und sichere Formen der Sexarbeit wie im Clip dargestellt."

Dieser Videoclip war eine weitere Bestätigung dafür, wie die aktuelle Prostitutionsdebatte, von VertreterInnen der Beratungsstellen und der Grünen, sowie in Teilen der Sozialdemokratie geführt wird. Insofern, als die Debatte die männliche Machtausübung, die Existenz von physischer und psychischer Gewalt, die Kommerzialisierung des weiblichen Körpers und die Menschenwürde ausklammert. Missbrauch, Gewalt und männliche Dominanz werden – analog zum "Manifest der Sexarbeiterinnen in Europa", das 120 Prostituierte 2005 in Brüssel verabschiedet haben – nicht in direktem Zusammenhang mit Prostitution gebracht: „Missbrauch kommt im Bereich der Sexarbeit vor, ist aber nicht ihr charakteristisches Merkmal. Jeglicher Diskurs, der Sexarbeit als Gewalt definiert, ist eindimensional, leugnet die Vielfältigkeit und unsere Erfahrungen und reduziert uns zu hilflosen Opfern." (Manifest der Sexarbeiterinnen, 2005).

In seinem Buch "Die Produktion des Freiers" in dem Kapitel „Prostitution als Arbeit", problematisiert auch der Sozialwissenschaftler Udo Gerheim diese eindimensional Sichtweise: „Die Dimensionen von Gewalt und Ausbeutung werden vielmehr als allgemein verbreitete gesellschaftliche Phänomene betrachtet und unter Verweis auf patriarchale, kapitalistische und rassistische Macht- und Herrschaftsverhältnisse in einen globalen Erklärungskontext gerückt. Negiert wird zudem die Annahme einer überdimensionierten und gesonderten Gewaltausprägung im Feld der Prostitution im Vergleich zur Allgemeingesellschaft" (Gerheim 2012, 72).

Die Fokussierung der Prostitutions-Debatte auf die „Sexarbeit" als selbstbestimmte, professionalisierte, arbeits- und sozialrechtlich abgesicherte Dienstleistung bei gleichzeitigem Ausklammern von geschlechterspezifischen Ausbeutungsmechanismen veranlasste mich, die zentrale Frage zu stellen: Warum stehen ausgerechnet Vertreterinnen von Prostituiertenberatungsstellen, die ursprünglich von Feministinnen gegründet worden sind, feministische Aktivistinnen und linke sowie grüne PolitikerInnen im Mittelpunkt dieses entpolitisierten Normalisierungsdiskurses?

Ist „Sexarbeit" wirklich eine Arbeit und ein Beruf wie jeder andere? Ist Prostitution tatsächlich eine fixe Größe, eine unverrückbare „gesellschaftliche Realität"? In diesen Fragen – das musste ich während der vielen Diskussionen, die ich darüber während der Recherchen zu meiner Arbeit geführt habe, erkennen – spalten sich die feministischen Positionen: In eine aktivistisch-feministisch, „sexradikale" Position, deren Vertreterinnen den „Sexarbeit"-Ansatz verfolgen, der Prostitution nicht ablehnend gegenüberstehen und diese „entweder als ein Ausdruck sexuellen Andersseins oder natürlicher Bedürfnisse interpretieren" (Grenz 2007, 113). Die andere Position würde ich als „abolitionistisch" beschreiben – im Sinne eines Sex-Kaufverbots – die Prostitution als Ausdruck patriarchaler Ausbeutung ablehnt. Ihre Argumente „ergeben sich aus einer strukturellen Interpretation der Prostitution, die in den 1980er und den beginnenden 1990er Jahren von marxistisch und sozialistisch orientierten Feministinnen vorgestellt wurden. Prostitution ist dann ein Ausdruck der kapitalistisch-patriarchalen Gesellschaft" (Grenz 2007, 13).

Die „liberalen" Feministinnen sprechen, wenn es um Prostituierte geht, von der SexdienstleisterIn oder der SexarbeiterIn: Unter Sexarbeit versteht die MigrantInnenberatungsstelle LEFÖ, die in Österreich als einer der ersten Vereine Unterstützung und Beratung für Prostituierte angeboten hat, „eine freiwillig erbrachte sexuelle Dienstleistung, die einen einvernehmlichen Vertrag zwischen erwachsenen GeschäftspartnerInnen voraussetzt" (El-Nagashi 2010, 76). Die Begriffe sollen ein sehr heterogenes Feld an Dienstleistungen im Rahmen der „Sexindustrie" beschreiben. Gemeint sind damit auch die Tätigkeiten von „Peep-Show-TänzerInnen, StripperInnen, AnbieterInnen von Telefon-Sex, Escorts, erotischen MasseurInnen oder PornodarstellerInnen" (ebd., 76). LEFÖ verfolgt den „Sexarbeit"-Ansatz: „Der Verein LEFÖ setzt sich – als feministische Migrantinnenselbstorganisation – seit Jahren dafür ein, dass Sexarbeit als Erwerbstätigkeit anerkannt wird und somit die Arbeit von (mehrheitlich) Frauen und (mehrheitlich) Migrantinnen in diesem marginalisierten Bereich wahrgenommen und anerkannt wird" (ebd., 80). Wie bereits oben beschrieben, verwehren sich die LEFÖ-Mitarbeiterinnen dagegen, SexarbeiterInnen primär als Opfer „durch ein Verständnis von Sexarbeit als patriarchaler Gewalt und durch die diskursive Verbindung von Sexarbeit und Frauenhandel" darzustellen (ebd., 80). Diese Haltung nehmen auch andere Prostituierten– bzw. MigrantInnen NGO`s ein, indem sie all jenen, die Prostituierte sehr wohl als Gewaltopfer wahrnehmen, Viktimisierung, Diskriminierung und Paternalismus vorwerfen. Damit wird die Kategorie der Opfer abgeschafft. Und wo es keine Opfer gibt, da gibt es auch keine Täter.

Die Loslösung der Prostitution von der patriarchalen Machtfrage, der Klassenschichtung und dem Migrantinnenstatus und die theoretische und praktische Gleichsetzung der Prostitution mit anderen Berufen (siehe Videoclip) bringt meines Erachtens trotz der Bemühungen für eine „Stärkung der Rechte von SexarbeiterInnen" nicht den erwünschten Schutz „gegen Gewalt, Zwang oder Ausbeutung", wie dies von den Protagonistinnen der Beratungsstellen erhofft wird (El-Nagashi 2010, 80). Ich werde dies im Kapitel „Regulierung der Prostitution in Deutschland" näher ausführen, in dem ich u. a. auf die liberalen gesetzlichen Rahmenbedingungen in Deutschland eingehen werde.

In Deutschland wird Prostitution als freiwillig erbrachte sexuelle Dienstleistung anerkannt, ist sozialversicherungspflichtig und vertragsfähig, wird aber gleichzeitig zunehmend brutaler, gefährlicher und nimmt immer ausbeuterische Züge an (EMMA 2/2011). "Ich musste non-stop mit den Männern Sex haben. Ohne regelmäßig zu essen oder zu schlafen. Manchmal gab es in der Nacht nur zwei, drei Stunden Schlaf. Es war ein großer Druck, sehr belastend. Man durfte keine Kunden ablehnen. Ich kann es nicht in Worte fassen. Es war schlimm." So der O-Ton einer Prostituierten, die im „Paradise", dem größten Bordell Europas, in Leinfelden-Echterdingen bei Stuttgart arbeitet (Das Erste, Panorama 2011).

Im Kapitel „Prostitution als Arbeit" werde ich der Frage nachgehen, wie weit die Begriffe Sexarbeit/Sexdienstleistung nicht ein Zugeständnis an die Terminologie des neoliberalistischen Wirtschaftssystems sind und damit die sexuelle Vernutzung[1] von Frauen bzw. Frauenkörpern auch Teil eines ökonomischen Verwertungsprozesses darstellen.

Carol Patemans Werk „Sexual Contract" folgend, werde ich im Kapitel „Prostitution als Arbeit" den „Prostitutionsvertrag" und die Nicht-Vertragsfähigkeit von Prostituierten thematisieren. Pateman bezweifelt, dass ein Vertrag zwischen einem Freier und einer Prostituierten mit anderen Arbeitsverträgen vergleichbar ist, u. a., weil der Prostituierten die Vertragsfähigkeit auf Grund ihrer „unsittlichen Tätigkeit" abgesprochen wird (vgl. Kontos 2009, 173).

Eine Frage, die ich mir während des Verfassens der Arbeit immer wieder stellte, ist, wann und warum Feministinnen aufgehört haben, die Machtfrage zu stellen und begonnen haben, Prostitution zwar als nicht wirklich „wünschenswert" zu betrachten, aber doch irgendwie als unvermeidbar und letztendlich als etwas Normales zu akzeptieren: „Sexdienstleistungen sind ein Bestandteil unserer Gesellschaft" (Riepler, Der Funke 2011).

Die Gründe der Normalisierung und der möglicherweise daraus resultierenden Verharmlosung von Prostitution, einhergehend mit einer sprachlichen Beschönigung, sind vielschich-

---

[1] Österreichisch für: verwenden und benutzen.

tig. Zum einen hängen sie mit einem allgemein in Frage stellen von emanzipatorischer Frauen- und Geschlechterpolitik zusammen. Zum anderen hat es mit der allgemeinen Entpolitisierung bzw. (Re-)Privatisierung vieler wichtiger frauen- und geschlechterpolitischer Fragen zu tun. Beide stehen meines Erachtens im Zusammenhang mit der herrschenden Dominanz monetaristischer Wirtschaftspolitik.

„Neoliberale Hegemonie ging selbstverständlich auch am Feminismus nicht spurlos vorüber" (Weiss 2010,13). Prostitution wird nicht mehr als Teil eines patriarchalen Systems gesehen, sondern als private Berufsentscheidung. Die arbeitsrechtliche Verortung der Prostituierten als „Neue Selbstständige" und sogenannte ICH-AGs führt dazu, dass emanzipatorische Frauenpolitik durch „berufspolitische" Beratung ersetzt wird. Zum anderen ist der Begriff „Sexarbeit" Teil einer „rhetorischen Modernisierung", die den Eindruck erweckt, Prostitution sei ein normales Alltagsgeschäft, und die das kritische Hinterfragen struktureller Hierarchien obsolet erscheinen lässt. Den Begriff der "rhetorischen Modernisierung" hat die Geschlechtersoziologin Angelika Wetterer zur Erklärung einer bestimmten "Widerspruchs-Konstellation" entwickelt. Es geht dabei darum, dass das "Alltagswissen", das eine Gesellschaft über die soziale Bedeutung der Geschlechterdifferenz und die Geschlechterordnung hat, "den Strukturen des Geschlechterverhältnisses und großen Teilen der sozialen Praxis ein ganzes Stück vorausgeeilt" ist (Wetterer 2003, 289).

Eine weitere Erklärung für die Ausklammerung der Machtfrage aus der Prostitutionsdebatte könnte auch die in den 1990er Jahren beginnende Tendenz der allgemeinen Anpassung der Geschlechterpolitik an politische und ökonomische Rahmenbedingungen sein. „Während sich – überspitzt formuliert – die politische Praxis, vor allem die staatsfeministische Variante, auf eine Beteiligung im Gegebenen zurückzog, entwickelte sich im (dominanten) akademischen Feminismus eine ‚Theorie ohne Praxis', auf einem Abstraktionsniveau, das eine mögliche Anbindung an die Frauenbewegung und ihre Projekte und Institutionen nicht einmal mehr in Betracht zog" (Weiss 2010, 13).

Eng verknüpft mit der öffentlichen Normalisierungs-Debatte zur Prostitution ist meines Erachtens auch die Kommerzialisierung der Sexualität und des Frauenkörpers und das rasante Anwachsen der Sexindustrie. Ich beziehe mich dabei auf Sabine Grenz (2007) und Udo Gerheim (2012), die in ihren Untersuchungen über das Verhalten der Freier in der Prostitution diese Phänomene in Betracht ziehen. Zwar gibt es relativ wenig direkte Werbung für Prostitution, aber die stark sexualisierte bzw. sexistische – bis ins Pornografische reichende – Werbung für diverse Produkte und die mediale Überflutung mit Bildern, in denen Frauen als Sexualobjekte dargestellt werden, steigert bei Männern den Wunsch, sich Frauen bzw. Macht über einen Frauenkörper zu kaufen (Grenz 2007, 115).

Diese Sexualisierung des Öffentlichen hat auch Anthony Giddens thematisiert: „Sex [ist] zum Gegenstand einer ‚großen Predigt' geworden, die die ältere Tradition des theologischen Predigens ersetzt" (ebd., 9). Giddens bezieht sich dabei wiederum auf Foucault, der in „Sexualität und Wahrheit" (1976) ebenfalls von einer „großen sexuellen Predigt" schreibt (Foucault 1977, 17). Seither hat sich diese Tendenz der ‚großen Predigt' noch verstärkt (Grenz 2007, 9).

Foucaults Arbeit zur Geschichte der Sexualität und sein Versuch der Widerlegung der „Repressionstheorie", wonach Sex in der westlichen Geschichte unterdrückt worden ist, hat spätere Studien zur Sexualität stark beeinflusst. Immerhin war die Repressionstheorie eine Grundlage der sexuellen Revolution in den 1960er Jahren und auch die Sexualitätsdebatte der Zweiten Frauenbewegung wurde stark davon beeinflusst. Auf Foucaults Thesen zu Sexualität und Macht und ihre Rezeption in der feministischen Sexualitätsdebatte wird im Kapitel „Sexualitätsdebatte der Neuen Frauenbewegung" eingegangen.

Mit der Terminologie und der Verschiebung der Begrifflichkeit von „Prostitution" zu „Sexarbeit" befasse ich mich ebenfalls in einem eigenen Kapitel. In der Auseinandersetzung um Prostitution muss bedacht werden, dass Definitionen variabel und nicht fixiert sind. Prostitution hängt von historischen, politischen und diskursiven Umständen ab, in die sie eingebettet ist. „Who is a prostitute is a matter of definition, identity a specific historical circumstance. [...] Throughout history prostitutes have always attracted the attention of administrative and legal authorities, often as objects to be disciplined and punished, or alternatively, a public nuisance (öffentliches Ärgernis) to be tolerated" (Übersetzung in Klammer im Original, De Vries 2010, 30). Es gibt viele „Realitäten" und „Situationen" der Prostitution „in denen ihr zwangsweise, freiwillig oder aufgrund einer rationalen Evaluation der eigenen ökonomischen Situation nach gegangen wird" (Grenz 2007, 13).

Im medialen Diskurs ist zu beobachten, dass der Terminus „Sexarbeit" bereits in fast allen Mainstreammedien Eingang gefunden hat, was einerseits als ein Ausdruck der „political correctness", anderseits ebenfalls als ein Teil der „rhetorischen Modernisierung" (Wetterer) gedeutet werden kann. Während in diesen Medien die Verwendung des Begriffs nicht hinterfragt wird, begründen AutorInnen in der wissenschaftlichen Literatur sehr wohl, warum/wann von „Sexarbeit" und/oder von „Prostitution" die Rede ist. Silvia Kontos, deutsche Soziologin und Autorin eines der umfangreichsten Forschungsarbeiten „Zum Wandel von Theorien und Politik der Prostitution" spricht bewusst von Prostituierten und nicht von SexarbeiterInnen, „um deutlich zu machen, dass die Prostitution zwar in ein weites Feld der Sexarbeit eingebettet ist, aber eben nicht auf die Bestimmung als Arbeit zu reduzieren ist" (Kontos 2009,11). In manchen Fällen soll durch die Wahl der Begriffe Prostitution bzw. Sexarbeit auch die Position der AutorInnen herausgestrichen werden. Wie zum Beispiel im Bericht der österreichweiten Arbeitsgruppe „Länderkompetenzen Prostitution" im Rahmen der „Task Force Menschenhandel", in der die AutorInnen explizit den Terminus Sexarbeit statt des Begriffs Prostitution verwenden – und zwar mit der Begründung: „Der Begriff Prostitution vermittelt Bilder, die das gesamte Spektrum umfassen, von der kriminellen sexuellen Ausbeutung (Menschenhandel, Zuhälterei,...) bis hin zur selbstbestimmten

Edelprostitution. Die Begriffe Sexdienstleistung und Sexarbeit bringen hingegen die verfolgte Absicht der verbesserten Regulierung und damit auch Professionalisierung der freiwilligen Sexarbeit besser zum Ausdruck und werden daher bevorzugt verwendet." Im zitierten Bericht wird folglich nur von SexarbeiterInnen / SexdienstleisterInnen gesprochen.

Ich bin zu der Schlussfolgerung gekommen, dass der Begriff Sexarbeit keine adäquate Beschreibung für das breite Feld der Prostitution sein kann, da er dazu beiträgt, seine ökonomischen und geschlechterspezifischen Ausbeutungsformen zu verharmlosen und als „normal" darzustellen. Das ist der Grund, warum ich am Begriff der Prostitution festhalte.

Der Begriff Sexarbeit wird auch von vielen WissenschaftlerInnen, die im Bereich der Prostitution forschen, vermieden, u. a. von der amerikanischen Feministin und Juristin Catharine MacKinnon und der Prostitutionsforscherin Melissa Farley, die eine Studie über Prostitution in internationalem Rahmen vorgelegt hat und auf die ich mich im Kapitel „Prostitution und Menschenrechte" beziehe. Catharine MacKinnon geht sogar so weit, dass sie Prostitution mit Menschenhandel gleichsetzt (MacKinnon 2/2011, 142). MacKinnon beruft sich dabei auf das Palermo-Protokoll der Vereinten Nationen von 2003, wonach „jede sexuelle Ausbeutung zu kommerziellen Zwecken durch Nötigung, Drohung, Betrug, also all das, was in der Sexindustrie tatsächlich passiert, Menschenhandel ist".

„Damit wir von Menschenhandel sprechen müssen, ist also weder das Überschreiten von Ländergrenzen, noch rohe Gewalt nötig. Entscheidend ist, dass eine dritte Person involviert ist." (ebd., S. 142).

Auch die European Women's Lobby – eine Plattform europäischer Frauenpolitik – und die Schwedischen GesetzgeberInnen, die 1999 ein abolitionistisches Gesetz beschlossen haben, bemühen nur selten den Terminus „Sexwork".

Mit dem Gesetz zum Verbot des käuflichen Erwerbs sexueller Dienstleistungen, das Freiheitsstrafen bis zu einem Jahr

vorsieht, war Schweden das erste Land der Welt, das Prostitution als eine Form von Gewalt gegen Frauen definierte und sie
als nicht vereinbar mit der Gleichstellung der Geschlechter
erachtete: „There can never be a real equality as long as there
is prostitution!" (European Women`s Lobby, 2011).

Der Titel „Fucking Poor", den ich für mein Buch gewählt
habe, ist eine Anlehnung an den inzwischen in den allgemeinen
Diskurs zu Arbeit und Armut eingegangenen Begriff „Working
Poor", den die Journalistin Barbara Ehrenreich popularisiert
hat. Sie beschrieb 2001 in ihrem Buch „Working Poor", was es
trotz 16 Stunden täglicher Arbeit in zwei bis drei Jobs bedeutet,
kein angemessenes Leben führen zu können. Ehrenreich zeigte
auf, dass diese ausschließlich den Kapitalinteressen angepassten „McJobs" Frauen wie Männer immer tiefer in die Armut
reißen. Das gilt auch für die Prostitution:

„Überall auf der Welt sind Prostituierte arm, meistens bet-
telarm. [...] Finanzielle Not ist der häufigste von Prostituierten
genannte Grund für ihren Einstieg in den Sexhandel. Allerdings schafft es praktisch keine, durch Prostitution der Armut
zu entkommen. Prostituierte sind froh, wenn sie mit ihrem
Leben davonkommen." (MacKinnon 2/2011, 141).

Die Möglichkeit des freiwilligen Ein- und Ausstiegs aus
diesen prekären Arbeitsverhältnissen haben weder Ehrenreichs
„Working Poor" noch die Prostituierten. „Wenn Sex dem
Überleben dient – wie es der Begriff „survival sex" ausdrückt –
dann ist die Prostituierte zum Sex genötigt, weil sie sonst eben
nicht überleben kann." (MacKinnon 201, 141). MacKinnon
zufolge ist Sexarbeit mehr Nötigung als „freiwillig".

Das englische Wort „Fuck" steht für „vögeln", „fi-
cken" aber auch für „Scheiße", „Dreck", „verflucht", „das
Letzte" (Langenscheidt 2010). Zieht man die Arbeitsbedingungen der weltweit an die 40 Millionen Prostituierten in Betracht,
dann stehen sie in der Hierarchie der Ausgebeuteten meist ganz
unten: Mein Titel „Fucking Poor" soll einerseits die prekären
Arbeits- und Lebensbedingungen der Prostituierten thematisieren, wie auch deren konkrete Tätigkeit, aber auch aufzeigen,
was sie in einer sexistisch strukturierten Gesellschaft sind: die

„Letzten" in der Kette der geschlechterspezifischen Unterdrückung und kommerziellen Ausbeutung von Menschenkörpern. „Man wird zu einem Produkt, einer Ware, die gehandelt werden muss. Es wird aussortiert, retouchiert, gekauft, getauscht und ausgetestet." (Lilly Lindner 2011, 188).

Zu behaupten, Prostitution sei ein „Beruf wie jeder andere" oder nicht mehr und nicht weniger als eine „sexuelle Dienstleistung", ist aus meiner Sicht keine adäquate Beschreibung der Realität, sondern Teil des oben beschriebenen „angepassten" und „entpolitisierten" feministischen Diskurses. „Die Prostitution wird damit auf den marktförmigen Tausch reduziert, normalisiert und aus ihren geschlechterpolitischen Bezügen herausgelöst." (Kontos 2009, 9). In dem zweifellos wichtigen Bestreben, die Arbeitsbedingungen von Prostituierten zu verbessern und Diskriminierungen zu beseitigen, konzentrieren sich die sogenannten Reformbestrebungen darauf, Prostituierten „als Marktsubjekten Anerkennung zu verschaffen" (ebd., 9). Die Machtfrage tritt dabei vollkommen in den Hintergrund. Mein Bestreben ist, diese Machtfrage durch mein Buch wieder in den Vordergrund zu stellen.

Aufbau des Buches

Zu Beginn, gebe ich einen Überblick über die Sexualitätsdebatte der Zweiten Frauenbewegung, in dem es auch um die Fremdbestimmung und „Beherrschung" der weiblichen Sexualität geht. Daran anknüpfend befasse ich mich in einem weiteren Kapitel mit den Prostitutionsdebatten im Kontext der Zweiten Frauenbewegung. Dabei konzentriere ich mich vor allem auf jene Debattenstränge, die Prostitution im Kontext von Machtverhältnissen sehen und/oder als „Befreiungsprozess" thematisieren.

Kapitel vier widmet sich der Begriffsklärung Prostitution versus Sexarbeit sowie der Begriffsverschiebung (von Prostitution zu Sexarbeit) im Neoliberalismus. Im fünften Abschnitt versuche ich zu begründen, warum Prostitution weder theoretisch noch praktisch und rechtlich eine Arbeit wie jede andere ist. In Kapitel sechs gehe ich auf die Bedeutung der Menschenrechte – die grundlegendsten Rechte überhaupt – für die Prostituierten ein. Abschließend beschreibe ich die Auswirkungen der Liberalisierung von Prostitution in Deutschland und werfe die Frage auf, ob die schwedische Lösung (Sex-Kaufverbot) eine Alternative darstellt.

Methodisches Vorgehen

Neben dem Studium und der Analyse der theoretischen Literatur und der einschlägigen Gesetzeslagen habe ich für den empirischen Teil meiner sozialwissenschaftlichen Arbeit auf die Methode der Dokumenten- und Inhaltsanalyse zurückgegriffen.

Ich habe aber auch populär-wissenschaftliches Textmaterial, Filme und politische Reportagen des öffentlich rechtlichen Rundfunks analysiert und selbst generiertes Forschungsmaterial in die Arbeit einfließen lassen. Mit selbst generiertem Forschungsmaterial meine ich: Expertinnengespräche (persönlich, aber auch per E-Mail) und Diskussionen.

Die Zusammenfassung der Inhaltsanalysen von Texten, Filmen, Fernseh- und Radiobeiträgen enthält die wesentlichen Inhalte und Kernbotschaften in Bezug auf mein Thema. Solche Inhaltsanalysen bieten sich dann an, wenn ein überschaubarer Kurztext entstehen soll und nur Interesse an der inhaltlichen Ebene besteht (vgl. Flick 2007, 472).

Die visuelle Analyse von Filmausschnitten und Reportagen ist für mich deshalb von Relevanz, weil Filme und visuelle Dokumentationen kulturelle und symbolische Formen sind und helfen, wichtige Merkmale des sozialen Lebens aufzudecken und zu beleuchten (vgl. Flick 2007, 428).

Theoretische Grundlagen

Der Marx'sche Arbeitsbegriff
und die feministische Kritik daran

Um Einsicht darüber zu gewinnen, wie weit Prostitution mit Arbeit bzw. einem Beruf „wie jedem anderen" verglichen und gleichgestellt werden kann, bedarf es auch einer Betrachtung des marxistischen Arbeitsbegriffs. Die Bedeutung der Machtfrage zwischen den Geschlechtern und der Kommerzialisierung des weiblichen Körpers – zwei wesentliche Punkte, die in der aktuellen Prostitutionsdebatte weitgehend ausgeklammert werden – kann nicht ohne die Auseinandersetzung mit der Marx'schen Analyse des kapitalistischen Systems richtig eingeordnet werden. Wobei allerdings zu bedenken ist, dass sich die Prostitution heute nicht mit den gleichen Kategorien bewertet werden kann, die für die ursprüngliche Erklärung des kapitalistischen Systems entwickelt wurden, da die gesellschaftlichen Grundlagen andere geworden sind. Ich habe mich bei der Auseinandersetzung mit dem marxistischen Arbeitsbegriff in erster Linie auf Sekundärliteratur von Wissenschaftlerinnen gestützt, die sich aus einem feministischen Blickwinkel mit der Marx'schen Theorie auseinandergesetzt haben.

„Arbeit dient unter kapitalistischen Bedingungen ausschließlich der Herstellung von Gebrauchswerten und Tauschwerten", fasst die Sozialwissenschaftlerin Gisela Notz die Marx´sche Analyse zusammen (Notz 1999, 152–153).

Arbeit basiere auf dem Zusammenwirken von lohnarbeitenden Individuen. Durch die Gesamtheit verschiedener Arbeitstätigkeiten werden die materiellen Grundlagen des Lebens geschaffen. „Arbeit ist danach immer auf die Erzeugung eines gesellschaftlichen Produkts gerichtet und ist somit Mittel zur Befriedigung menschlicher Lebensbedürfnisse." (ebd.). Relevant für Marx-kritische Feministinnen der 1970er und 1980er Jahre war die Erkenntnis, dass Marx reproduktive Tätigkeiten vom Arbeitsbegriff ausgeschlossen hatte: „Die zur menschlichen Reproduktion notwendige Arbeit findet außerhalb der Erwerbsarbeit statt und gehört nicht zur Lohnarbeit, ist also Nicht-Lohnarbeit und daher keine Arbeit." (ebd.). Laut Notz wird dadurch der größte Teil der hauptsächlich von Frauen geleisteten Arbeit vom Marx'schen Arbeitsbegriff nicht erfasst.

Zahlreiche Theoretikerinnen in der Frauenforschung waren sich darüber einig, dass ein erweiterter Arbeitsbegriff notwendig ist. Erwähnenswert ist die Argumentationslinie der „Hausarbeitstheoretikerin" Maria Rosa Dalla Costa, die Hausarbeit als ebenso produktive Arbeit wie die Lohnarbeit betrachtet und „als konstitutiven Bestandteil des kapitalistischen Systems einschätzt." (Pachinger 2005, 11). Ebenso wies Claudia von Werlhof darauf hin, dass „ohne die Berücksichtigung von geschlechtsspezifischer Arbeitsteilung und Frauenausbeutung eine Charakterisierung der Logik verschiedener Produktionsweisen in der Geschichte nicht möglich ist. Denn damit bleibt auch die ökonomische Ausbeutung in der ‚Privatsphäre' weitgehend unkommentiert [...]. (Notz 1999,153). Für Costa, Werlhof und Notz steht fest, „daß sowohl im Produktionsbereich als auch im Reproduktionsbereich gesellschaftlich notwendige und nützliche Tätigkeiten verrichtet werden" (Notz 1999, 153).

Durch die Trennung von Lohn- und Reproduktionsarbeit und die vorrangige Rolle der Lohnarbeit „werden alle Reproduktionstätigkeiten als Nichtarbeit oder ‚Freizeit' gefasst und somit abgewertet. Der Reproduktionsbereich ist überwiegend der Wirkungsbereich von Frauen" (ebd.). Unter Reproduktionsarbeiten versteht Notz Hausarbeitsverhältnisse, Erziehungsarbeit, Pflegearbeit für Alte, Kranke und Behinderte, unbezahlte Konsumarbeit, ehrenamtliche politische Arbeit, unbezahlte soziale Arbeit und unbezahlte Arbeit in Selbsthilfegruppen.

Für Gisela Notz wird daher ein Arbeitsbegriff notwendig, „durch den vermieden werden kann, dass geschlechtshierarchische Ausgrenzungen und Diskriminierungen durch wissenschaftliche Untersuchungen quasi festgeschrieben werden, weil bestimmte Arbeiten (meist Frauenarbeiten) von vornherein keine Berücksichtigung finden" (ebd.).

Rada Ivekovic erweitert in ihrem Text „Noch einmal zu Marxismus und Feminismus" den von Marx hinten angestellten Bereich der Reproduktion auch um den Begriff der Prostitution:

> *„In der Tradition eines dogmatischen Marxismus wurde – in Übereinstimmung mit den Gesetzen des Kapitals und des Profits – der Bereich der materiellen Reproduktion hintangesetzt; daher ist der Bereich der Frauenarbeit im Bereich der Hausarbeit (oder in der Prostitution etc.) bis heute nicht in ökonomischen Begriffen analysiert worden, sondern in psychologischen und moralischen." (Ivekovic 1984, 105).*

Für Rada Ivekovic ist es aber auch notwendig, „die Spuren der besonderen Unterordnung der Frauen zu verfolgen, die nicht ausschließlich aus den Verhältnissen der Produktion herrührt, aus der die Frauen größtenteils ausgeschlossen sind, sondern die Unterdrückung, die eine gewisse Autonomie hat, indem sie auch dann in den Machtverhältnissen andauert, wenn die Frauen in größerer Zahl in die Produktion eintreten" (ebd. 105).

In der Trennung der Bereiche Produktion und Reproduktion (Arbeit und Familie) sieht Ivekovic die Frau „selbst auch noch geteilt, während der Mann zusammenhängend auf einer Seite bleibt" (ebd., 111).

Der Kapitalismus transformiere nur, was schon existiert:

> *„Die Unterjochung der Frau die schon immer da gewesen ist." […] „sehr wenige gibt es nur von denen die bereit wären, die Konsequenzen dieser umgewälzten traditionellen Sichtweise zu akzeptieren – d.h., dass die Ausbeutung der Frauen weitere und andere Ausbeutungen erlaubt und*

somit ihre besonderen Werte und ihre Ideologien in Frage gestellt werden müssten." (ebd.).

Ivekovics Ansatz, Prostitution vor dem Hintergrund der „besonderen Unterordnung der Frauen" als einen Bereich der „Frauenarbeit" zu betrachten, erscheint mir für meine Arbeit deshalb wichtig, da die Frage, ob Prostitution eine Arbeit wie jede andere ist, nicht bloß semantisch gestellt werden kann, sondern als Machtfrage diskutiert werden muss.

Feministischer und wissenschaftlicher Diskurs über Macht und Sexualität in der Neuen Frauenbewegung

Ein Abriss über die Sexualitätsdebatte der Neuen Frauenbewegung ist für die vorliegende Arbeit deshalb wichtig, weil es auch um die Unterdrückung der Frauen über die Sexualität bzw. um die Fremdbestimmung und Beherrschung der weiblichen Sexualität geht – Zusammenhänge, die auch in der Prostitution eine Rolle spielen.

Ende der 1960er Jahre forderte die linke StudentInnenbewegung – vor allem auch jene in der damaligen Bundesrepublik Deutschland – einen kritischen Umgang mit der Sexualität. Sie war davon ausgegangen, „daß die sexualfeindliche, autoritäre Erziehung innerhalb hierarchisch organisierter Kleinfamilien den Ursprung faschistischer Ideologien" markierte (Bührmann 1995, 103). Die Befreiung der Sexualität als Mittel emanzipatorischer Politik stand auf der Tagesordnung. In diesem Kontext wurden alternative Beziehungsformen entwickelt.

Die in der StudentInnenbewegung aktiven Frauen kritisierten, dass die von Männern postulierte freie Sexualität „nichts anderes als eine neue Verfügbarkeit der Frauen als Sexualobjekte für die Männer bedeute, da nach Ansicht der Frauen die alte Monogamie-Norm nur durch eine Polygamie-Forderung ersetzt werden sollte" (ebd., 1995, 104). Die Erkenntnis, dass die „sexuelle Freiheit" den Frauen nur noch mehr Lasten aufbürdete – Haushalt und Kindererziehung waren weiterhin Sache der Frauen – führte u. a. zu der Forderung von Helke Sander vom „Aktionsrat zur Befreiung der Frau", dass der Klassenkampf in die Ehe getragen werden solle, „da der Mann innerhalb der Ehe die objektive Rolle des Ausbeuters oder Klassenfeindes übernehme [...]" (ebd., 106).

Unter dem Motto „Das Private ist politisch" kommt es zur Ausdehnung des Politikbegriffs, der 1971 durch die Selbstbezichtigungskampagne „Ich habe abgetrieben" einen Höhepunkt erfährt und die „erste große inhaltliche Diskussion zum Thema Sexualität" in der neuen Frauenbewegung lostritt (ebd., 107). Der deutsche Paragraf 218, der wie der Paragraf 144 in Österreich, unter fast allen Bedingungen Schwangerschaftsabbruch verbot, wurde zum Symbol für patriarchale und staatliche Unterdrückung, Frauenverachtung und Fremdbestimmung. Mit Parolen wie „Mein Bauch gehört mir" und „Ob wir Kinder wollen oder keine, entscheiden wir alleine" zogen Frauen durch die Straßen.

Die Sexualitätsdebatte in der Linken ließen Feministinnen nach theoretischen Bezugspunkten suchen. Dazu gehörten klassische marxistische und feministische Literatur, wie „Der Ursprung der Familie, des Privateigentums und des Staates" (F. Engels 1884), oder August Bebels „Die Frau und der Sozialismus" (1879) ebenso wie Germaine Greers „Der weibliche Eunuch" (1974), Kate Milletts „Sexus und Herrschaft" (1971), Shulamith Firestones „Frauenbefreiung und sexuelle Revolution" (1975) und Alice Schwarzers „Der ‚kleine Unterschied' und seine großen Folgen" (1976).

Der bürgerlichen Ehe, aus der es auszubrechen galt, wurde durch eine von marxistischer Literatur inspirierter Analyse und politischer Praxis der Boden entzogen. Laut Michele Barrett war Engels bedeutendste Leistung „seine Beobachtungen über die materiell verschiedenen Beziehungen zwischen den Geschlechtern in den unterschiedlichen gesellschaftlichen Klassen. [...] Die bürgerliche Familie beruhte also auf einer Beziehung zwischen Mann und Frau, in der er im Austausch gegen sexuelle Treue und legitime Erben für ihren Unterhalt sorgte. Engels bezeichnete diese Ordnung als eine Form von Prostitution" (Barrett, 1983, 50). Bebel betrachtete die Einrichtung der bürgerlichen Ehe als „Ausfluß der bürgerlichen Erwerbs- und Eigentumsordnung [...] sie bildet also unbestreitbar eine der wichtigsten Grundlagen der bürgerlichen Gesellschaft, ob sie aber den natürlichen Bedürfnissen und einer gesunden Entwicklung der menschlichen Gesellschaft entspricht, ist eine andere Frage" (Bebel 1976, 134).

Für Andrea Bührmann bilden Greer`s, Millett`s, Firestone`s und Schwarzer`s Texte die „Eckpunkte der Sexualitätsdebatte" der Neuen Frauenbewegung in den 1970er Jahren (vgl. Bührmann 1995, 112). Sie betrachten die Unterdrückung der Frau als die primäre Ausbeutungs- und Unterdrückungsform der Gesellschaft, die insgesamt als patriarchal bezeichnet wird. Für Millett ist das Patriarchat eine soziale und historische Konstante, „die sich durch alle anderen politischen, sozialen oder wirtschaftlichen Formen hindurch zieht, sei es in Kasten oder Klassen, Feudalherrschaft oder Bürokratie oder in den großen Religionsgemeinschaften" (Millett 1985, 33).

Der Bereich des Sexuellen avanciert zum „lokalen Herd des Patriarchats, letztendlich zu dessen Kristallisationspunkt" (Bührmann 1995, 115). „Die radikalfeministische Analyse von Sexualität und Herrschaft hat betont, dass der sexuelle Missbrauch von Frauen symptomatisch für eine weitergehende Unterdrückung und Kontrolle von Frauen durch Männer sei. Eine der wesentlichen Leistungen von Kate Milletts ‚Sexus und Herrschaft' war, dass sie zeigte, wie die Darstellung männlicher Sexualität bei Schriftstellern wie Lawrence und Mailer auf einer verächtlichen und manipulativen Haltung gegenüber Frauen beruht, die – wie sie betonte – die Autoren mit ihren männlichen Charakteren teilten. Sie beschreibt Sexualität „als den Ort, in dem sich männliche Macht und männliche Herrschaft ausdrücken" (Barrett 1983, 47).

Mit der Intensivierung der Frauenforschung wird Milletts Patriarchatsmodell aber hinterfragt. „Feministinnen erkennen, dass die komplexen gesellschaftlichen Machtverhältnisse zwischen Männern und Frauen und die Vergesellschaftung von Frauen in diesen Verhältnissen nicht adäquat mit dem

Patriarchatskonzept erfasst werden können" (Bührmann 1995, 14). Anstatt dessen wird das Konzept des „Geschlechterverhältnisses" eingeführt: Regina Becker-Schmidt definiert es als „das Insgesamte der institutionalisierten Gegebenheiten und normativen Regulative, die in einer bestimmten historischen Epoche und Kultur darüber entscheiden, welche Privilegien das eine Geschlecht auf Kosten des anderen hat, [...] ‚Männer' und ‚Frauen' werden dabei als soziale Gruppen gedacht, die gerade die Geschlechterdifferenz in Relation zueinander setzt" (Becker-Schmidt 1991, 392, zit. n. Bührmann 1995, 14).

Gleichzeitig entwickelt die Frauenforschung theoretische Ansätze, um den zwangsläufigen Dualismus ‚Opfer-Täter' zu relativieren. Christina Thürmer-Rohr vertritt die These, dass „die wesentlichen Männertaten in der ‚Normalität' und Legalität des Geschlechterverhältnisses und des Verhältnisses zur Welt vorbereitet werden, dass diese Normalität selbst schon durchtränkt ist mit Gewalt- und Machttaten des Mannes gegenüber der Frau" (Thürmer-Rohr 1999d, 188, zit. n. Bührhmann 1995, 15). Bei Thürmer-Rohr sind Frauen aber nicht nur ‚Opfer 'dieser ‚Männertaten', sondern auch „Mit-Agierende": „Diese Welt ist eine Männerwelt, und das Drinnen ist nicht einfach Sklaverei und Folter, sondern verbunden mit dem ganzen Strauß von Belohnung und Beruhigung, und das Draußen ist nicht einfach Freiheit und Selbst-Entfaltung sondern auch Verzicht und Ausschluss." Mit ‚Drinnen' meint Thürmer-Rohr nicht eine Institution sondern: „Das Mitfunktionieren und Mitagieren der Frau im Interesse der eigenen Interessensgegner, die materielle, psychische Dienstleistung am individuellen Mann ebenso wie am flexiblen und historisch veränderlichen Weiterfunktionieren des Männersystems." (ebd., 15).

Dieses Mitfunktionieren geschehe nicht nur dadurch, dass Frauen es den Männern gleich tun, „sondern gerade dadurch, dass sie etwas ganz anderes tun, damit aber hinterrücks dem ungehinderten Weitermachen des Mannes nützlich sind". Frigga Haug ergänzt das Mittäterschaftsmodell, wenn sie behauptet, dass Sich-Opfern eine Tat und kein Schicksal sei (vgl. Haug 2001, 9).

Weil Thürmer-Rohrs Mittäterschaftsmodell thematisiert, welchen Anteil Frauen an der Reproduktion der gesellschaftlichen Machtverhältnisse haben, wird dieses Modell auch für meine Fragestellung – wieweit die VertreterInnen des „Sexarbeit“-Ansatzes mit ihrer Normalisierungsdebatte dazu beitragen, Ausbeutungsverhältnisse zu stabilisieren und einem neoliberalen, individualisierenden Diskurs erliegen – von Relevanz sein.

Für Andrea Bührmann ist das Mittäterschaftsmodell in einem Punkt zumindest nicht ausreichend genug, vor allem, wenn es darum geht, die „Machtwirkungen bzw. Machtstrukturen zu erforschen“. Bührmann bedient sich dabei der Machtanalyse Michel Foucaults, die schon sehr früh eine Wende in der Sexualitätsdebatte eingeläutet hat. Foucault versuchte die Repressionstheorie, wonach Sexualität im bürgerlichen Zeitalter unterdrückt wurde, zu widerlegen. Von der Repressionstheorie aber gingen nicht nur die linken StudentInnen der 1968er Bewegung aus, sondern auch die Feministinnen der Neuen Frauenbewegung. Foucault versucht die Sexualität als eine Konstruktion der Diskurse des 18. und 19. Jahrhunderts zu entlarven, hinter denen biopolitische Machtinteressen standen. Aber noch viel mehr erschütterte Foucault das Weltbild der Zweiten Frauenbewegung durch seine Machtanalyse, da er einer Entgegensetzung von Beherrschten und Beherrschenden widersprach. Macht ist für Foucault keine Instanz und hat kein Zentrum, sie ist nicht auf Dauer gestellt sondern vielmehr instabil und wird permanent relativiert und in Frage gestellt:

„Und schließlich meine ich nicht ein allgemeines Herrschaftssystem, das von einem Element, von einer Gruppe gegen die andere aufrechterhalten wird und das in sukzessiven Zweiteilungen den gesamten Gesellschaftskörper durchdringt. [...] Unter Macht, scheint mir, ist zunächst zu verstehen: die Vielfältigkeit von Kräfteverhältnissen, die ein Gebiet bevölkern und organisieren. [...] Die Macht ist

nicht eine Institution, ist nicht eine Struktur, ist nicht eine Mächtigkeit einiger Mächtiger. Die Macht ist der Name, den man einer komplexen strategischen Situation in einer Gesellschaft gibt." (Foucault 1976, S. 93).

Foucault selbst geht zwar nicht auf feministische Theoretikerinnen ein, Geschlechterforscherinnen knüpfen aber an seiner Theorie an, um die feministischen Macht-Diskurse und somit auch die Sexualitätsdebatten der 1970er Jahre kritisch zu reflektieren.

So wie Foucaults Denkansätze kontrovers aufgenommen wurden, lösten auch Judith Butlers Schriften stark polarisierende Diskussionen in der feministischen Wissenschaft aus. Die US-amerikanische Philosophin brachte das Selbstverständnis der traditionellen feministischen Theorie ins Wanken, weil sie die Geschlechterdifferenz aus dem zentralen Fokus des feministischen Diskurses verdrängte.

In „Das Unbehagen der Geschlechter" (1990) stellte Judith Butler erstmals die in der feministischen Theorie und in der Frauen- und Geschlechterforschung gängige Unterscheidung von Sex und Gender in Frage. Außerdem übt sie Kritik an der Determinierung von Frauen als homogener Gruppe weil diese Festlegung kulturelle, ethnische, soziale etc. Differenzen nicht berücksichtige und zudem das binäre System der Zweigeschlechtlichkeit bestätige.

Sexualität und Geschlecht sind für Butler keine Konstanten, sie werden laufend konzeptualisiert, die Geschlechtsidentität wird im alltäglichen Handeln performativ hergestellt. Damit entlarvt Butler die „Zweigeschlechter-Ordnung" als eine der hegemonialen Heterosexualität unterliegende soziokulturelle Konstruktion. Ihre frühen Kritikerinnen befürchteten, dass sie mit ihren Denkansätzen den Feminismus als politische Theorie obsolet machen würde. Mittlerweile aber ist die Emotionalität in der Rezeption von Butler einer sachlichen Argumentation gewichen.

War für Millett und für Firestone die Forderung nach der Abschaffung des Patriarchats und/bzw. des Kapitalismus noch eine Selbstverständlichkeit, so wird in der Sexualitäts- und Prostitutions-Debatte im ausgehenden 20. Jahrhundert – nicht zuletzt aufgrund Butlers Dekonstruktionstheorie – immer seltener ein Zusammenhang zwischen Geschlechter-Konstruktionen und Männerdominanz hergestellt.

Die Neue Frauenbewegung als große soziale Bewegung differenziert sich aus. Widerstand wird nicht mehr gegen universelle Herrschaftssysteme geleistet, stattdessen wird in „Single Issue" Bewegungen gegen eingegrenzte, lokale Herrschaftsstrukturen ins Feld gezogen. In der Theorie ist die Dekonstruktion von Texten von Belang, während gesellschaftliche Fragen wie Abtreibung, Prostitution oder die Zementierung von männlich dominierten Geschlechterverhältnissen in den Hintergrund treten.

Dieses Abflachen der Diskurse über Machtverhältnisse, hat aus meiner Sicht Auswirkungen auf die aktuelle „entpolitisierte" Debatte über Prostitution.

Prostitutionsdebatten im Kontext der Neuen Frauenbewegung

In diesem Kapitel konzentriere ich mich im Wesentlichen auf jene Debattenstränge, die Prostitution im Kontext von Machtverhältnissen sehen und/oder als „Befreiungsprozess" thematisieren.

Die Prostitutionsdebatten in der Neuen Frauenbewegung unterscheiden sich von jenen des 19. Jahrhunderts. Prostitution wird nicht mehr als Gesundheits- und Moralfrage oder als öffentliches Ärgernis betrachtet. Ihre Thematisierung fand in den 1970er/1980er Jahren in einem offenen Klima statt und unter der Bereitschaft, den moralischen Graben zwischen der ‚anständigen' Frau und den Prostituierten zu überwinden. Dabei wurde bewusst die Nähe zu den Prostituierten gesucht – sowohl aktiv, als auch in den theoretischen Texten – um die Sicht der (betroffenen) Prostituierten in die Diskussion einzubauen. „Mit der Entwicklung eines anderen Verständnisses der

Institution Prostitution in der neuen Frauenbewegung bildet sich eine theoretische Leitidee heraus, die eine neue Verbindung von radikaler Theorie und politischer Praxis ermöglichte." (Schmackpfeffer 1989, 112).

Diese neue (Betroffenen)-Perspektive fand vor allem bei der ersten Generation der feministischen Autorinnen und deren Texten – wie zum Beispiel in Kate Milletts Buch „Das verkaufte Geschlecht", das 1973 in den USA erschien und 1981 ins Deutsche übersetzt wurde – großen Widerhall. Bei Millett wird die Frau in der Prostitution zur „Sache", die nicht ihren Sex, sondern ihre „Entwürdigung" verkauft. Womit die Frau zur „Sklavin" wird:

„[...] durch den bloßen Akt der Prostitution wird unser Wert deklariert: als der Wert einer Sache. Was die Prostituierte in Wahrheit verkauft, ist nicht Sex sondern ihre Entwürdigung. Und der Kunde kauft nicht Sexualität, sondern Macht, die Macht über einen anderen Menschen, das berauschende Gefühl, für eine bestimmte Zeit über den Willen eines anderen Menschen zu verfügen. [...] Der bloße Umstand, dass dies möglich ist, zeigt das Verhältnis zwischen der Position des Mannes und der Frau, es zeigt den Mann als Herrn und Gebieter und die Frau als Sklavin, und zwar in solcher Verdeutlichung und Vergrößerung, dass dabei eine noch ältere und noch offenkundigere Herrschaft beschworen wird." (Millett 1985, S. 106).

Was für Millett ein Kernthema ist, wird heute als „überholt" betrachtet: die Reduktion der Frau auf eine „Sache" mit „Sachwert". Sache und Wert werden von Männern gehandelt und ausverhandelt. Wobei sich die Verdinglichung bei Millett nicht nur auf den Körper der Frau sondern auch auf ihre Sexualität bezieht: „Alle Erniedrigungen der Frau finden sich letzten Endes symbolisiert in einer Sexualität, die ihr zur Last gelegt, die ihr als Schande angerechnet wird. [...] Hier wurzelt unsere Selbstverachtung in dem Wissen, dass wir ‚Votzen' sind, bzw. haben." (Millett 1985, 106).

Rose-Marie Giesen und Gunda Schumann wenden sich in ihrer Arbeit „An der Front des Patriarchats" (1980) gegen die Ausgrenzung der Prostituierten als die „Anderen" und stellen deren Lebensrealitäten in den Mittelpunkt ihrer Texte und erklären sie „zu potentiellen Vorkämpferinnen der Fraueninteressen" (Schmackpfeffer 1998, 113). „Die Prostitutionserfahrung prädestiniert Prostituierte zu einer differenzierten, fast feministischen Einschätzung patriarchaler Strukturen in der Gesellschaft und zu einer klaren Position im allgemeinen und individuellen Kampf um weibliche Rechte." (ebd., 113).

Pieke Biermann wendet sich in ihrem Buch „Wir sind Frauen wie andere auch" (1980) von Milletts Darstellung der Prostituierten als Sklavin und Erniedrigter ab und setzt sie in Zusammenhang mit der „Hausarbeitsdiskussion" der damaligen Frauenbewegung:

„Hausarbeit nennen wir die Arbeit von Frauen, die nicht entlohnt wird und deshalb nicht als Arbeit erkennbar ist. Die Arbeit, die immer anders genannt wird: Liebe, Natur, Wesen der Frau, und ähnlicher Mysti-Pop. Und sie findet durchaus nicht nur im Haus statt [...]. Auch die ‚Sexualität', die eine Prostituierte liefert, ist Hausarbeit, aber sie ist nicht mehr Sklavenarbeit: sie tut sie nur gegen Lohn." (Biermann 1980, 41).

Prostitution wird bei Biermann „als eine konsequente Ausführung der weiblichen Rolle" betrachtet (Schmackpfeffer 1998, 112). „Die Prostitution ist lediglich der offenste Ausdruck des allgemeinen Warenstatus der Frau in dieser Gesellschaft, der sich im Unterschied zur (männlichen) Arbeitskraft bei Frauen eben nicht nur auf die Produktivität von Kopf und Händen, sondern auch auf ihre Geschlechtsorgane bezieht." (Biermann 1980, 21).

Durch die Fokussierung auf Geld und Wert („Welche Frau ist eigentlich keine Prostituierte?") versucht Biermann den „Graben zwischen Prostituierten und ‚anständigen' Frauen zu schließen" analysiert Silvia Kontos in ihrem Buch „Öffnung der Sperrbezirke" und kritisiert die „vorschnelle Einebnung der Differenzen zwischen Prostituierten und Ehefrauen". Kontos: „In ihrem überbordenden Bestreben, die moralische Diskreditierung der Prostituierten aufzuheben, verlässt sie sich jedoch auf das Nächstliegende, die Gleichheit vor dem Geld und dem Lohn, als mache es wirklich keinen Unterschied, wie das Geld verdient wird. [...] Diese Gleichstellung vor dem Geld fällt jedoch hinter jede Theorie weiblicher Erwerbstätigkeit zurück, die diese immer auch auf ihre Strukturierung durch hierarchische Geschlechterverhältnisse hin diskutiert hat." (Kontos 2009, 166/167).

Nichtsdestotrotz gesteht Kontos Biermann zu, dass sie „die Prostituierten aus der schwülen Atmosphäre von Lust und Laster und der zweideutigen Aufmerksamkeit offizieller und inoffizieller Tugendwächter heraus [löste] und politisierte sie in der ‚reinen Luft' der politischen Ökonomie" (ebd., 166/167).

Die oben zitierte „Entwicklung eines anderen Verständnisses von der Institution Prostitution in der neuen Frauenbewegung" steht im Zusammenhang mit der Ende der 1970er Jahre eintretenden Selbstorganisierung von Prostituierten. Am Muttertag 1973 wurde von der Kalifornierin Margo St. James die Prostituierten-Organisation „Coyote" (Call Off Your Tired Ethics) gegründet. Ebenfalls 1973 gründeten in Äthiopien „etwa fünfzehntausend Prostituierte eine Gewerkschaft zum Schutz ihrer Interessen und für die Durchsetzung eines Mindesttarifs" (Biermann 1980, 204). In Europa stiegen 1975 Prostituierte nach mehreren „ungeklärten" grausamen Prostituierten-Morden auf die Barrikaden und besetzten in Lyon für mehrere Tage eine Kirche. Die Aufmerksamkeit der Medien war den Besetzerinnen gewiss. „Freudenmädchen im Haus des Herrn" schrieb die Tageszeitung Libération (ebd., 189).

Folglich wurden auch in London das English Collective of Prostitutes (ECP) und in Spanien das „Sindicato de las trabajadoras del amor" (Gewerkschaft der Liebesarbeiterinnen) gegründet. Auf den nationalen und internationalen Versammlungen der Prostituierten wurden Forderungen erarbeitet: keine Sperrbezirke, Abschaffung aller Bußgelder und Gefängnisstrafen, die es damals nur für Prostituierte gab, keine Wiedereröffnung von Bordellen, keine Eros-Center etc. (ebd., 196). Was „Eros-Center" und Bordellkonzerne – die es bereits Anfang der

1970er Jahre gab für Prostituierte bedeuten, beschrieb eine Prostituierte aus Lyon:

> *„Das wird doch schon alleine wegen des Schaufensters, ein Supermarkt für Mädels, die wahnwitzigste Konkurrenz. Für die Mädels könnte das so aussehen, dass man ewig hinter der erotischsten Pose und der pornoartigsten Haltung her ist. In Eros-Centern werden Mädels nicht genommen, die anders arbeiten wollen, angezogen und mit mehr als Slip und Büstenhalter bekleidet. Der Besitzer wirbt sie entweder an oder nicht, also macht der die Gesetze. Und da steckt wirklich die Zuhälterei vom Feinsten – die richtige industriemäßig aufgezogene Zuhälterei."* (ebd., S. 232).

Diese Argumentation und eindeutig skeptische Haltung gegenüber der organisierten und institutionalisierten Prostitution fand im Rahmen der Liberalisierungsdebatten in Deutschland, Frankreich und in den Niederlanden leider kaum Gehör. Sie sollte aber, wie ich meine, auch heute vor dem Hintergrund einer globalen überbordenden „Sexindustrie" noch mehr bzw. wieder mehr Beachtung finden.

Zu diesem Zeitpunkt wurde in der feministischen Bewegung die Diktion ‚Sexwork' als Gegenbegriff zur sprachlichen Abwertung durch Opferzuschreibungen" (El- Nagashi 2010, 77) rezipiert.[2] Gleichzeitig ging man dazu über, die Forderung nach der Anerkennung der Prostitution als Dienstleistungsberuf zu stellen. „Für diesen Zugang musste zunächst eine Umdeutung des bis dahin dominanten (feministischen) Verständnisses von Prostitution als patriarchale Gewalt und Zwang vorgenommen und der Bereich für Konzeptionalisierungen abseits von Opferzuschreibungen geöffnet werden. Dies führte zu einer Differenzierung in ‚freiwillige' und ‚erzwungene' Prostitution/Sexarbeit, was anfangs als erfolgreiche Strategie gegen-

---

[2] Auf die Etymologie des Begriffes werde ich im Kapitel „Begriffserklärung – Prostitution versus Sexarbeit" näher eingehen.

über den Positionen verstanden wurde, die Prostitution per se mit Gewalt gleichsetzten und Sexarbeiterinnen ausschließlich als Opfer dieser (patriarchalen) Gewalt betrachteten", beschreibt El- Nagashi von LEFÖ den Prostitutionsdiskurs, der in den 1970er Jahren begann und sich nach wie vor entlang der zwei Positionen – der aktivistisch-feministischen und der abolitionistischen – entwickelt. Die LEFÖ-Vertreterin bedauert, dass die Unterscheidung zwischen freiwilliger und erzwungener Prostitution „letztendlich keine tatsächliche Abkehr von den abolitionistischen Zuschreibungen" brachte, sondern „maßgeblicher Teil der hegemonialen Diskussion zu Prostitution" wurde. Bezeichnend ist, dass die Erwähnung der patriarchalen Gewalt in der Prostitution bei den VertreterInnen des „Sexarbeits"-Ansatzes verpönt ist und oft synonym als rückschrittlich verwendet wird.

Nicht vom abolitionistischen Ansatz abgewandt haben sich bedeutende Feministinnen wie z. B. die österreichische Frauenpolitikerin Johanna Dohnal. 1984 hielt die damalige Staatssekretärin für allgemeine Frauenfragen die Eröffnungsrede beim 23. Kongress der Internationalen Abolitionistischen Föderation in Wien. Johanna Dohnal fokussierte ihre Rede auf die Themen „sexuelle Ausbeutung", Frauenhandel und Sextourismus:

„Es gibt kaum einen Bereich, in dem Vorurteile gegen Frauen und gesellschaftliche Tabus so wirksam werden, wie dies beim Thema 'sexuelle Ausbeutung von Frauen' der Fall ist. [...] das öffentliche Schweigen zu Problemen der sexuellen Gewalt ist kein Zufall, sondern ein Ausdruck gesellschaftlicher Machtverhältnisse. [...]"

Für Johanna Dohnal schien es unvorstellbar, dass „Menschen wie ein Stück Ware zu handeln oder zu kaufen" sind. Sie stellt die sexuelle Ausbeutung von Frauen in den direkten Zusammenhang mit Verteilungsgerechtigkeit.

„Ich meine auch, dass die Zukunft der Menschheit von einer gerechten Verteilung der Güter, der Ressourcen, der Arbeit, der Chancen, der Macht und der Verantwortung

abhängig sein wird. [...] Ich bin davon überzeugt, dass wir – über alle kulturellen, sozialen und wirtschaftlichen Schranken hinweg – einen gemeinsamen Kampf führen müssen. Wenn wir uns nicht dagegen wehren, zwingt uns unser Weltwirtschaftssystem dazu, dass Frauen in der ersten und in der dritten Welt miteinander konkurrieren statt sich zu solidarisieren. Nur die weltweite Solidarisierung kann uns aber auch auf dem Gebiet der sexuellen Ausbeutung von Frauen zu wirklichen Erfolgen verhelfen, weil auch diejenigen, die von der Ausbeutung profitieren, längst nicht mehr vor nationalen oder kontinentalen Grenzen halt machen." (Johanna Dohnal, 1984).

Aus einer ganz anderen Perspektive, die meines Erachtens auch heute noch Gültigkeit hat, beschäftigte sich Carol Pateman Ende der 1980er Jahre mit der Prostitution. In ihrer Theorie des „Sexual Contract" erläutert sie, wie die bürgerlichen Vertragstheorien die Geschlechterverhältnisse systematisch ausblenden und entpolitisieren und wendet sich vehement gegen eine Übernahme der Vertragstheorie für die Prostitution. Patemans Argumentationslinie setzt bei den bürgerlichen Vertragstheorien an, die von Verträgen unter Männern ausgehen. Die bürgerlichen Revolutionen gegen die paternalistische Variante des Patriarchats haben nach Pateman zwar „im Namen der Menschenrechte und der Volkssouveränität die Dominanz ‚des Vaters' gebrochen, aber die schließlich durchgesetzte ‚Fraternität' enthielt den Ausschluss der Frauen von dem neuen Status der politischen Subjekte; und nicht nur das, sie stützte sich auf die Herrschaft über Frauen. Der besondere Clou dieses modernen fraternalen Patriarchats, der es von anderen Herrschaftsverhältnissen unterscheidet, ist, dass es diese Herrschaft sehr erfolgreich verdeckte, indem es die Geschlechterherrschaft in die Natur und in die Körper der der Subjekte verlagerte." (Pateman 1988, zit. n. Kontos 2009, 171).

Diese ‚Naturalisierung' der Körper legitimierte eine Differenzierung zwischen dem ‚vertragsfähigen', stabilen, berechenbaren, männlichen Individuum, der einen ‚brüderlichen'

Kontrakt gewährleistet und dem Körper von Frauen, der das alles nicht bietet:

> *„The body of the ‚individual' is very different from women's bodies. His body is tightly enclosed within boundaries, but women's bodies are permeable, their contours change shape and are subject to cyclical processes. All these differences are summed up in the natural bodily process of birth. Physical birth symbolizes everything that makes women incapable of entering the original contract and transforming themselves into the civil individuals who uphold terms. [...] According to the classic contract theorists, they are naturally deficient in a specific political capacity, the capacity to create and maintain political right."* (ebd., 1988, 96, zit. n. Kontos 2009, S. 171).

Pateman weist in ihrer Argumentation auf Gemeinsamkeiten zwischen der Nicht-Vertragsfähigkeit der Prostituierten und jener der ‚Ehefrauen' hin. Beide sind nicht vertragsfähig, weil sie Frauen sind: Zum einem wird bei der ‚privaten' Frau die Sexualität und damit ihre Generativität per bürgerlichen Ehevertrags auf den Mann übertragen, zum anderen macht sie die potentielle Mutterschaft ‚unzuverlässig' – Physical birth symbolizes everything that makes women incapable of entering the original contract and transforming themselves into the civil individuals who uphold terms (ebd.). Die Prostituierte verliert ihre Vertragsfähigkeit wiederum dadurch, „weil sie sich der Zuordnung zu einem Mann und damit der Einbindung in die reguläre Geschlechtsordnung entzieht".

Für Pateman ist der ‚Prostitutionsvertrag' kein Arbeitsvertrag, weil er ein Vertrag ‚nur' mit einer Frau ist, die – wie oben erläutert – nicht vertragsfähig ist. Jeder Geschäftsabschluss in der Prostitution verdecke somit die Tatsache, dass Frauen die Vertragsfähigkeit abgesprochen wird. „D.h. der Freier schließt einen ‚Vertrag' mit einer ‚Partnerin', die ihre mangelnde ‚Satisfaktionsfähigkeit' durch eben diesen unsittlichen Vertrag bestätigt hat. Das ist die Begründung für die lange reklamierte

Unsittlichkeit des Vertrags und deshalb können, für Pateman, auch nur Frauen Prostituierte sein." (ebd., 1988, zit. n. Kontos 2009, 173).

Pateman wendet sich außerdem gegen eine Übernahme der Vertragstheorie für die Prostitution, weil der „Kaufakt" in der Prostitution den Geschlechtervertrag verdecke so wie der Ehevertrag den Geschlechtervertrag verdeckt. Im Endeffekt hieße das laut Pateman, Prostitution vom Geschlechterverhältnis loszulösen.

Schlussendlich sieht Pateman in der Diskussion über Prostitution als Lohnarbeit ein „grundlegendes Missverständnis" (vgl. Kontos 2009, 173), eben, weil der Prostitutionsvertrag kein Arbeitsvertrag und die Prostituierte eine Frau sei, die nicht ihre Arbeitskraft sondern ihren Körper anbietet. Außerdem sind die Interessen eines Arbeitgebers andere als die eines Freiers:

"The employer has no intrinsic interest in the body and self of the worker, or at least not the same kind of interest as the man who enters into the prostitution contract. [...] In prostitution the body of the woman, a sexual access to that body, is the subject of the contract. [...] No form of labour power can be separated from the body, but only through the prostitution contract does the buyer obtain unilateral right of direct sexual use of a woman's body." (Pateman 1988, 202/203/204, zit. n. Kontos 2009, S. 173)

Obiges Zitat erscheint mir deshalb zentral für meine Fragestellung, inwieweit Prostitution „Arbeit" sein kann, da es die Beziehung zwischen der Prostituierten und ihrem Körper aufzeigt. Im Vergleich zu anderen Formen der Selbstvermarktung und des Verkaufs, Versicherns von Körperteilen (z. B. bei SpitzensportlerInnen, Menschen die zu Transplantationszwecken ihre Organe verkaufen, ...) sieht Pateman in der Prostitution eindeutig den direkten und sexuellen Gebrauch und „vor allem [...] den Gebrauch eines weiblichen Körpers, dessen

Subjekt mit eben diesem Körper identifiziert wird" (ebd., 1988, zit. n. Kontos 2009, 174).

Diese Argumentation lässt für mich den Vergleich der Prostitution mit einer Arbeit wie jeder anderen nicht zu.

Verschiebung der Begrifflichkeiten und neoliberale Transformation

Begriffserklärung – Prostitution versus Sexarbeit

Der Begriff „Prostitution" wurde in feministischem Kontext vor geraumer Zeit zunehmend durch den Begriff „Sexarbeit" abgelöst. Die Bezeichnung Sexarbeit kommt aus der Betroffenenszene selber und wurde Ende der 1970er Jahre von Carol Leigh, einer Sexarbeiterin und Aktivistin aus USA eingeführt, „as a reference to prostitutes and otherworkers in the sex industry with the political implication of labour or workers perspective" (Leigh, 1978).

Carol Leigh nahm gemeinsam mit Andrea Dworkin 1978 an einer Konferenz zum Thema Gewalt in der Pornografie und Medien in San Francisco teil. Leigh versuchte einen Brückenschlag zwischen der feministischen Bewegung und den Prostituierten herzustellen.

„I had intended to be a sort of ambassador to this group, educating feminists about prostitution [...] I found the room for the conference workshop on prostitution. As I entered I saw a newsprint pad with the title of the workshop. It included the phrase
„Sex Use Industry." The words stuck out and embarrassed me. How could I sit amid other women as a political equal when I was being objectified like that, described only as something used, obscuring my role as an actor and agent in this transaction?" (ebd., 1978).

Leigh setzte sich mit ihrer Ansicht durch, nicht mehr von „Sex Use Industry" zu sprechen sondern von „Sex Work Industry", denn das würde genauer beschreiben, was Prostituierte tun:

> *"Generally, the men used the services, and the women provided them. As I recall, no one raised objections. I went on to explain how crucial it was to create a discourse about the sex trades that could be inclusive of women working in the trades. I explained that prostitutes are often unable to reveal themselves in feminist contexts because they feel judged by other feminists. The workshop participants were silent and curious. One woman, another writer and performer, came up to me after the workshop to tell me that she had been a prostitute as a teenager but was unable to discuss it for fear of being condemned."*

Seither wurde der Begriff Prostitution von den Betroffenen selbst immer öfter durch den Begriff Sexarbeit ersetzt. Zum einen, um ihre Tätigkeit präziser zu beschreiben, zum anderen, um gegen das negative Huren-Image aufzutreten.

„In 1985 a union of prostitutes, De Rode Draad (The Red Thread), was founded, an organisation that put up the fight against the negative image of prostitution in the media by promoting the definition of prostitution as 'work' and 'sexual service'." (De Vries 2010, 44).

Ein weiterer Grund für die seit Ende der 1970er Jahre gängige Bezeichnung „Sexwork" war, den abwertenden ‚Opferstatus' der Prostituierten in Frage zu stellen. Carol Leigh:

> *"The words used to define us contain the history of centuries of slurs. [...] What words could we use to describe us? The word ‚prostitute' was tarnished, to say the least. In fact, ‚prostitute' is yet another euphemism, like lady of the night, hooker, filles de joie etc. 'Prostitute' does not refer to the business of the selling sexual services – it simply means 'to offer publicly'. The euphemism veils our 'shameful' activity. (El-Nagashi, 2010, 77).*

Inzwischen hat der Begriff Sexarbeit in der Fachliteratur als auch in fast allen populärwissenschaftlichen Publikationen, sowie in den Medien teils undifferenziert Eingang gefunden.[3]

Verschiebung der Begrifflichkeiten – Prostitution versus Sexarbeit – vor dem Hintergrund neoliberaler Transformation von Politik, Ökonomie und Gesellschaft

Zum Wesen des neoliberalen Kapitalismus gehören das Globalisieren und Liberalisieren von Waren-, Dienstleistungs- und Kapitalverkehr und das Deregulieren von Arbeitsverhältnissen sowie das Privatisieren von öffentlichen Dienstleistungen und staatlichen Unternehmen. Damit einher geht auch das Geschäft mit der Ware Sex und der Ware Frau, dass zu einem der weltweit lukrativsten Wirtschaftszweige geworden ist. Durch die gänzliche oder teilweise Legalisierung der Prostitution in zahlreichen europäischen Ländern wie u. a. in Deutschland, den Niederlanden und auch in Österreich, hat die Akzeptanz für den Sexkauf und seine Bewerbung zugenommen. Nachdem 2010 eine großflächige Anzeige für das Wiener Großbordell „Babylon" nach zahlreichen Protesten aus dem Ankunftsbereich des Wiener Flughafens verbannt wurde, hängt es nun unweit des Flughafens, an der Ost-Autobahn. Es zeigt halbnackte Frauen, die ankommenden (männlichen) Reisenden zum Konsumieren angepriesen werden. Der Österreichische

---

[3] sex work n.(a) the academic study of sexual practices (rare); (b) work in the sex industry, esp. prostitution (in this sense, usually used with the invention of reducing negative connotations and of aligning the sex industry with conventional service industries). sex worker n. a person who works in the sex industry, esp. a prostitute (usually used with the invention of reducing negative connotations and aligning the sex industry with conventional service industries).
Der deutschsprachige Begriff Sexarbeit findet sich weder im Duden noch im Langenscheidt Wörterbuch.

Werberat fand schon anlässlich der ersten Beschwerden 2008 keinen Grund zum Einschreiten, mit der Begründung, dass Werbung für Nachtklubs gesetzlich nicht verboten sei (vgl. Österreichischer Werberat, 2008). Großbordelle gehören zur Tourismuswirtschaft, bisher eine Entwicklung, die man aus den Niedriglohn-Ländern kennt: In Thailand, Bangladesh, Vietnam oder auf den Philippinen wird Prostitution als notwendiger Teil der Volkswirtschaft angesehen.

„Die Prostitution zählt in gewissen Staaten heute sogar zu einem Teil der ökonomischen Entwicklungsstrategie. Unter dem Druck von Schuldenrückzahlungsforderungen stehend, wurden zahlreiche Staaten der Dritten Welt von internationalen Organisationen wie dem IWF und der Weltbank – die aufgrund dessen dann wieder beträchtliche neue Kredite freigaben – sogar ermutigt, ihre ‚Nightlife'- und Tourismusindustrie zu entwickeln." (Poulin 2005, 15).

Die Anzahl der Frauen, die am globalen Sexmarkt arbeiten und dort unter zwangsarbeitsähnlichen Bedingungen ausgebeutet und versklavt werden, wird auf 40 Millionen geschätzt (vgl. Poulin 2005, 1). Der jährliche Umsatz des illegalen sexuellen Sklavenhandels, durch den der Markt ständig mit Nachschub versorgt wird, „wird auf 5.000 bis 7.000 Milliarden US-Dollar geschätzt" (Mies 2006, 3). Vor diesem Markt haben die EU, ebenso wie viele der NGOs, die sich um Verbesserungen der SexarbeiterInnen am Arbeitsmarkt einsetzen, offenbar kapituliert. In einem am 6. Januar 2004 vom Committee on Women's Rights and Opportunities organisierten Hearing vor dem Europäischen Parlament wurde ein Bericht vorgelegt, in dem kritisiert wird, dass „anstatt die sexuelle Ausbeutung zu bekämpfen, einige Mitgliedsländer der EU die bestehende Situation akzeptieren." Durch die Legalisierung und Regulierung der Prostitution hätten die Staaten dazu beigetragen, dass das, was vorher ein krimineller Akt war, zu einem legalen ökonomischen Sektor wurde. „So sind diese Staaten ein Teil dieser Sex-Industrie geworden, der Staat noch ein weiterer Profiteur des Sex-Marktes." (Mies 2006, S. 4).

Die Umbenennung der sexuellen Ausbeutung in sexuelle Dienstleistung hat die Zuhälter zu „Geschäftsleuten" aufgewertet und Bordelle zu Gentlemen's Clubs und Wellnesstempeln werden lassen. Das bewusste Etablieren der Bezeichnung „Sexarbeiterin" zum Zwecke der gesetzlichen und gesellschaftlichen „Aufwertung" der Prostitution, hat den Prostituierten – wenn man sich die deutsche Bilanz ansieht – nichts gebracht: Kaum eine der Frauen besitzt einen Arbeitsvertrag, und wenn, dann nur auf Niedriglohnebene, und der Zugang zur Sozialversicherung wird nicht mehr genutzt als vor der Liberalisierung (vgl. ver.di 2004, 11). Hatte man in Deutschland argumentiert, dass durch die Liberalisierung der Prostitution Gewalt, Zwangsarbeit und der (illegale) Frauenhandel zurückgedrängt würden, zeigt sich nun, dass das Gegenteil der Fall ist. „Der Markt für Billigsex in Deutschland blüht. Nach Schätzungen gehen 1,2 Millionen Männer jeden Tag zu Prostituierten. Die Frauen kommen meist aus Osteuropa, die Milliardengewinne stecken sich Bordellbetreiber und Zuhälter in die Tasche. Bordelle werben mit ‚20 Minuten Sex für 20 Euro' – der Spartarif im Discountpuff oder ‚Sex so oft du willst, solange du willst und wie du willst'." (DasErste, Panorama 29.9.2011).

Trotz der inzwischen zahlreichen Berichte und Reportagen über die ausbeuterischen Bedingungen, denen Frauen am Sexarbeitsmarkt ausgesetzt sind, wird von der EU und den von ihr subventionierten NGOs politische Propaganda dafür gemacht, dass Prostitution als Arbeit wie jede andere anerkannt werden soll. Im Juli 2012 präsentierte das EU-Projekt INDOORS, das für mehr Rechte und „Empowerment" der im europäischen Raum arbeitenden Prostituierten eintritt, den Video-Clip „Equal Rights". Gezeigt werden auf einer geteilten Bildfläche zwei Frauen, die sich in Outfit, Alter und Auftreten kaum unterscheiden. Die eine, Ana, ist Architektin und die andere, Julia, ist Sexarbeiterin. Das in 17 Sprachen verfügbare Video wurde produziert, um „Sexarbeit" als Arbeit darzustellen, und um darauf aufmerksam zu machen, dass für „SexarbeiterInnen" die gleichen Rechte gelten sollten wie für alle anderen Beschäftigten.

Diese Kampagne verfolgt nicht nur das Ziel der ideologisch-moralischen Entlastung von Prostitution, es handelt sich dabei auch um eine Anpassung an den neoliberal-kapitalistischen Sprachduktus. Für die Vertreterinnen des Sexarbeit-Ansatzes ist es eine Selbstverständlichkeit, den Sexmarkt als gegeben anzunehmen. Dieser wird als „mobil und flexibel" wahrgenommen, zu seinen wichtigsten verändernden Faktoren werden „Nachfrage und Angebot" gezählt (AG-LKP 2012, 15).

Die in den 1980er Jahren erfolgte Regierungsübernahme neoliberaler Parteien in fast allen wichtigen kapitalistischen Staaten und der folgende Zusammenbruch des Realsozialismus „besiegelte das Ende des so genannten ‚sozialdemokratischen' Zeitalters" (Hirsch, 2009 links-netz).

Unter der Präsidentschaft Ronald Reagans in den USA und in Großbritannien unter der konservativen Premierministerin Margret Thatcher begann sich das internationalisierte Kapital erfolgreich der „staatsinterventionistisch-sozialstaatlichen Fesseln zu entledigen" (ebd.) und erwirkte nicht nur eine globale Deregulierung der Kapital- und Finanzmärkte, sondern leitete auch einen nachhaltigen weltweiten Prozess der Entdemokratisierung ein. „Die herrschende Demokratie ist durch die neoliberale Transformation der politischen Institutionen zur Formalie verkommen." (ebd.) Im Gegensatz zum politischen „Liberalismus", der die Freiheit der Individuen und die Grundrechte der Menschen in den Vordergrund stellt, schränkt der neoliberale Kapitalismus die individuellen Rechte zugunsten seiner „Marktfreiheit" ein. Die nationalen Staaten und ihre PolitikerInnen gerieren sich als Erfüllungsgehilfen des Kapitals: „Je unfähiger die Parteien geworden sind, eigene gesellschaftliche Ziel- und Ordnungsvorstellungen jenseits der simplen Logik der Kapitalverwertung zu entwickeln, desto unmittelbarer werden sie zu Erfüllungsgehilfen des Kapitals. Von diesem bestellte „Berater" formulieren heute im Wesentlichen die Leitlinien der Wirtschafts- und Sozialpolitik." (ebd.).

Vor dieser UnterstützerInnen-Rolle sind auch Sozialdemokratinnen und ‚alternative' Grüne nicht gefeit. Das zeigte sich u. a. unter der Regierung des SPD-Kanzlers Gerhard Schröder, die mit Deregulierungen und Privatisierungen nachhaltige neoliberale Politik vollzog. Auf dem Gebiet der Prostitution bedeutete das eine Liberalisierung des Sexmarktes, wozu auch die theoretische Gleichstellung der (sprachlich an die Marktwirtschaft angepasste) ‚SexarbeiterIn' mit anderen Erwerbstätigen gehört. Die politische Diskussion um den Begriff „SexarbeiterIn" nahm in Deutschland mit der „Hurenbewegung" ihren Ausgang. Deren Argumentation bestand darin, dass Prostituierte „Frauen wie andere auch" sind – nur, dass die Hausfrau ihrem Mann unentgeltlich zur Verfügung stehen muss, wie dies auch früher im Eherecht verankert war. Demnach mussten Frauen den Männern körperlich und sexuell zur Verfügung stehen. Die „selbstbestimmte" Prostituierte hingegen konnte „ökonomisch autonom" Geld dafür verlangen (vgl. Biermann 1980, 41). Dieser Logik folgend, wurde gefordert, dass Prostitution als Beruf anzuerkennen sei. Die Grünen in Deutschland haben viele dieser Forderungen aufgenommen und Veranstaltungen zum Thema „Beruf Hure" organisiert. Die Zeitung „Unsere Zeit" (2012) zitiert eine 1991 erschienene Broschüre der Grünen mit dem Titel „Argumente. Beruf: Hure". Darin ist zu lesen: „Nach der sexuellen Revolution ist der Weg frei für einen angemessenen Umgang mit den sexuellen Bedürfnissen der Bevölkerung und denjenigen, die die Nachfrage nach sexuellen Dienstleistungen erfüllen. Alles ist käuflich und verkäuflich: körperliche und geistige Arbeitskraft, Ideen, Kreativität, Engagement. Was hindert dann – in dieser Logik – anzuerkennen, dass eben auch Sexualität käuflich und verkäuflich ist."

Die Grünen sind damals – diesem Zitat gemäß – ganz dem neoliberalen kapitalistischen Gedanken gefolgt, demzufolge alles zur Ware wird. Im Prostitutionsdiskurs ist die Grenze zwischen dem, was Ware ist, unscharf. Für die einen ist es der Frauenkörper bzw. die Frau selbst und deren Würde. Für die VertreterInnen des Sexarbeit-Ansatzes ist es die angebotene Sexdienstleitung bzw. die Sexarbeit. Aber selbst wenn es nicht die Würde und der Körper der Frau sind, die auf den Markt geworfen werden, sondern „nur" eine Dienstleistung, so ist zu hinterfragen, unter welchen Bedingungen diese Leistung zustande kommt. "Ich musste non-stop mit den Männern Sex haben. Ohne regelmäßig zu essen oder zu schlafen. Manchmal gab es in der Nacht nur zwei, drei Stunden Schlaf. Es war ein großer Druck, sehr belastend. Man durfte keine Kunden ablehnen. Ich kann es nicht in Worte fassen. Es war schlimm." So der O-Ton einer Prostituierten, die im „Paradise", dem größten Bordell Europas, in Leinfelden-Echterdingen bei Stuttgart, arbeitet (DasErste, Panorama/2011). In einem anderen Bericht heißt es, dass Frauen zehn Freier bedienen müssen, um 100 Euro zu verdienen (vgl. ZDF-Dokumentation, 2012).

Prostitution wird – u. a. auch in Österreich – nur am Rande als Problem der Gleichstellung zwischen Männern und Frauen diskutiert. Demzufolge wird auch das Herrschafts-System der Prostitution und des Sexmarktes kaum thematisiert. „Lediglich im Opferdiskurs geraten frauendiskriminierende Strukturen und Akteure in den Blick allerdings um den Preis der Viktimisierung aller Frauen im Sexbusiness", stellt die Politikwissenschafterin Birgit Sauer fest (Sauer 2006, 90). Nicht nur bei Wissenschaftlerinnen, auch unter feministischen Aktivistinnen und Vertreterinnen der Sex-ArbeiterInnen-Beratungsstellen ist eine Distanzierung von der Darstellung der Prostituierten als „Opfer" männlicher Herrschaftsgewalt feststellbar. Auch die Verwendung der Bezeichnung ‚Sexarbeite-rIn' ist Teil dieser Abgrenzung: Sie wird als „Gegenbegriff zur (sprachlichen) Abwertung durch Opferzuschreibungen" eingesetzt (El-Nagashi 2010, 77).

Gelten unter ‚modernen' Feministinnen die „Opferfeministinnen" als antiquiert, so meint hingegen die Politikwissenschafterin Alexandra Weiss, dass eine Distanzierung vom Opferbegriff heute – Jahrzehnte nach der Mittäterschaftsdebatte (vgl. Thürmer- Rohr 1990) – „merkwürdig anachronistisch" wirke.

Die „Sexarbeitslobby" – so nennt die australische Politologin und Prostitutionsforscherin Sheila Jeffreys in ihrem Buch „Die industrialisierte Vagina" all jene von der EU subventionierten NGOs und Parteien, die für die Gleichstellung der Sexarbeit mit „normaler" Erwerbstätigkeit eintreten – hat sich mit dem Begriff „Sexarbeit" dem Sprachduktus des Neoliberalismus unterworfen und damit verbal seinen Marktgesetzen angepasst. Anstatt Prostitution als Kommerzialisierung der Unterdrückung der Frau zu sehen, wurde Prostitution als „Markt" respektiert und akzeptiert, in welchem Frauen als Unternehmerinnen, Arbeiterinnen, Dienstleisterinnen reüssieren sollen.

Die Vertreterinnen der „Sexarbeitslobby" zeigen auch nicht die Absicht, den Sexmarkt auf politisch-legistischer Ebene einzuschränken: „Ausgehend davon, dass der Sexmarkt kaum eingeschränkt und schon gar nicht vermieden werden kann, ist es daher der beste Weg, genügend legale Arbeitsmöglichkeiten zuzulassen und diese so zu regulieren, dass neben anderen berechtigten Interessen (z. B. der AnrainerInnen) insbesondere auch Arbeitsbedingungen von SexdienstleisterInnen im Fokus stehen." (AG-LKP 2012, 4). Der Markt, auf dem über 40 Millionen Prostituierte großteils unter menschenunwürdigen, ausbeuterischen, zwangsarbeitsähnlichen Bedingungen anschaffen und einen Jahresumsatz von jährlich 60 Mrd. Euro erwirtschaften (vgl. Poulin, 2005, S. 15) wird als unausweichlich hingenommen. Der neoliberale Sprachduktus im Sexarbeits-Diskurs wird noch ergänzt durch den Begriff „Empowerment" bzw. „Selbstermächtigung", um damit die professionelle Unterstützung zu unterstreichen, die Prostituierte bekommen sollen, um für den prekären Arbeitsmarkt gerüstet zu sein. Die „Sexarbeitslobby" verfolgt nicht den politischen Ansatz, die Sex-Industrie zu bekämpfen und zu verbieten, sondern individualisiert vielmehr das Problem der Ausbeutung durch den Empowerment- und Selbstermächtigungsansatz. Diese neoliberale Sprache hat längst im feministischen Diskurs Eingang gefunden, in dem Sexarbeit im „Spannungsfeld von Stigmatisierung und Selbstermächtigung" steht.[4] Teile

---

[4] (Vgl. Nele Bastian/Katrin Billerbeck, Prostitution als notwendiges Übel? Analyse einer Dienstleistung im Spannungsfeld von Stigmatisierung und Selbstermächtigung, 2010,Tectum Verlag).

der linken, grünen und feministischen Bewegung und jene
NGOs, die von der EU und den EU-Mitgliedstaaten für ihre
Empowerment-Bemühungen subventioniert werden, unterstüt-
zen damit das Ausbeutungssystem in der Sex-Industrie.

Prostitution als Arbeit

In diesem Abschnitt versuche ich zu begründen, warum Prostitution weder theoretisch, noch gesetzlich und praktisch eine Arbeit bzw. Dienstleistung ist wie jede andere. Ich stütze mich bei meiner Argumentation auf feministische Texte, empirische Untersuchungen und journalistische Print- und Filmberichte. Zentral dabei ist der Blick auf die Verschränkung von Sexualität und Macht. Ohne Kate Milletts Werke „Sexus und Herrschaft" und „Das verkaufte Geschlecht" wäre dieser Blick nur bedingt möglich. Milletts großes Verdienst war es, die sexuellen Beziehungen zwischen den Geschlechtern zu politisieren. Sie wird zwar heute dafür kritisiert, dass sie Macht einseitig dem männlichen Geschlecht zuweist, indem sie den machthabenden Männern die ohnmächtigen Frauen gegenübergestellt und damit prägend für den „Opferfeminismus" war. Doch letztendlich lieferte Millett theoretische Ansätze, die für Fragestellungen im Zusammenhang mit Machtausübung, Gewalt, Ausbeutung und Freiwilligkeit bzw. Zwang in der Prostitution relevant sind. Die Kritik, wonach Millett ein „reduziertes Machtverständnis" habe, welches strukturell verankerte Machtphänomene vernachlässige und die Verstrickungen von Frauen in patriarchale Verhältnisse übersehe[5], halte ich für bedingt berechtigt. Die Literaturwissenschafterin skizziert nicht bloß die Machtausübung des einen Geschlechts über das andere, sondern weist darauf hin, dass Frauen bis in die tiefsten Schichten vom Androzentrismus durchdrungen sind: „Obwohl es in unserem Sozialgefüge tief verankert ist, wird das Geburtsvorrecht, nach dem das Männliche über das Weibliche regiert, in unserer sozialen Ordnung durchaus unkritisch betrachtet. Es wird nicht einmal erkannt, dass dieses System eine

---

[5] Vgl. Andrea Kolmitzer 2009, 82 „Das Dispositiv der Lust" Sexualität, Geschlechterdifferenz und Prostitution im Kontext der Foulcault'schen Macht- und Diskursanalyse, Wien.

äußerst kluge Art ‚innerer Kolonisation' ist." (Millett 1985, 39).

Für Millett ist die patriarchale Sexualkultur „vielleicht doch die weitverbreitetste Ideologie unserer Kultur und liefert deren fundamentalsten Machtbegriff". Die patriarchale Gesellschaftsstruktur spiegelt sich Millett zufolge besonders deutlich in der Institution Prostitution wider. Frauen wurden in ihr und durch sie auf käufliche Objekte reduziert. Die Erniedrigung der Frau bei gleichzeitiger Machtausübung des Mannes ist, so Millett, charakteristisch für die Prostitution, denn der Freier kauft sich nicht Sex, sondern das Gefühl, Macht über eine andere Person ausüben zu können. Die Rolle des Mannes ist demnach die des Gebieters, die Rolle der Frau ist die der Sklavin, die nicht ihren Sex, sondern ihre „Entwürdigung" veräußert.

> *„[...] durch den bloßen Akt der Prostitution wird unser Wert deklariert: als der Wert einer Sache. Was die Prostituierte in Wahrheit verkauft ist nicht Sex sondern ihre Entwürdigung. Und der Kunde kauft nicht Sexualität, sondern Macht, die Macht über einen anderen Menschen, das berauschende Gefühl für eine bestimmte Zeit über den Willen eines anderen Menschen zu verfügen. [...] Der bloße Umstand, dass dies möglich ist, zeigt das Verhältnis zwischen der Position des Mannes und der Frau, es zeigt den Mann als Herrn und Gebieter und die Frau als Sklavin, und zwar in solcher Verdeutlichung und Vergrößerung, dass dabei eine noch ältere und noch offenkundigere Herrschaft beschworen wird." (Millett 1981, 105)*

Prostitution ist für Millett nicht nur Sinnbild der Unterdrückung durch Männer, sondern wird durch den Verlust der Würde und durch die „Versklavung" der Frauen auch zu einer Menschenrechtsverletzung. Dass sexuelle Dominanz nicht nur in die individuelle Sklaverei (der Prostituierten), sondern in eine gesellschaftlich-strukturelle Sklaverei mündet, beschreibt die Historikerin Gerda Lerner. Im Rahmen ihrer Forschungen über „Die Entstehung des Patriarchats" (1986) und „Die Entstehung des feministischen Bewußtseins" zeichnete sie nach, wie das Recht der Männer institutionalisiert wurde, um „die sexuellen und fortpflanzungsrelevanten Dienste von Frauen zu kontrollieren und auszunutzen. Aus dieser Form der Dominanz entwickelten sich andere Herrschaftsstrukturen, etwa die Sklaverei." (Lerner 1998, 17).

Andere Feministinnen, wie die Juristin und Menschenrechtsexpertin Catharine MacKinnon (siehe Kapitel „Prostitution und Menschenrechte") oder die Herausgeberin der Zeitschrift EMMA, Alice Schwarzer, teilen ebenfalls Milletts Sicht, wonach die Prostitution die deutlichste Ausformung des Patriarchats darstellt. Die klare Haltung von MacKinnon, für die Prostitution die Kriterien für Menschenhandel erfüllt (vgl. EMMA 2011, 142) und somit eine schwere Menschenrechtsverletzung ist, werde ich im folgenden Kapitel „Menschenrechte" detailliert darlegen. Sie bezieht sich dabei auf das Palermo-Menschenhandelsprotokoll, das den Tatbestand des Menschenhandels auch abseits von Schmuggel und illegalen Grenzüberschreitungen als vollzogen betrachtet. Auch die International Labour Organisation (ILO) zieht zur Definition von Menschenhandel das Palermo-Protokoll heran und weist in ihrem Bericht „Eine globale Allianz gegen Zwangsarbeit" (2005) darauf hin, dass im Strafrecht vieler Staaten das spezifische Delikt der „Zwangsarbeit" – wozu Menschenhandel führt – gar nicht verankert ist (ILO 2005, 7). Obwohl es in vielen Ländern üblich ist, dass Migrantinnen ein „Entertainment-Visum", „Tänzerinnen-Visum" etc. für die Unterhaltungsindustrie erhalten, werden solche Visum-Arrangements von der ILO und Menschenrechtsorganisationen kritisiert, „weil sie einen legalen Deckmantel für den Menschenhandel von Frauen in die sexuelle Ausbeutung bieten." (ILO 2005, 61). Schätzungen zufolge sind mindestens 12,3 Millionen Menschen weltweit Opfer von ausbeuterischer Zwangsarbeit. Davon werden 9,8 Millionen Menschen von privaten Akteuren ausgebeutet. Zwangsarbeit zum Zweck der kommerziellen sexuellen Ausbeutung betrifft laut der International Labour Organisation auch Frauen und Kinder, die unfreiwillig in der Prostitution tätig sind oder die der Prostitution freiwillig nachgehen, aber nicht aufhören können (vgl. ILO 2005, 15). Viele der zur Prostitution gezwungenen Frauen sind extrem arm, drogenabhängig, organisch oder psychisch so krank, dass sie weder um noch aussteigen können (vgl. Farley, 2000).

Die vor vierzig Jahren von Millett in die Diskussion gebrachte Feststellung, dass Frauen in der Prostitution die Rolle von Sklavinnen einnehmen, wird von der ILO indirekt bestätigt. Bei einer Befragung von 175 Kunden von Prostituierten in Italien, Japan und Schweden räumten viele Freier „offen eine Präferenz für junge und unfreie Frauen ein, weil sie als gefügiger eingestuft werden" (ILO 2005, 62).

Angesichts der Tatsache, dass Zwangsarbeit und zwangsarbeitsähnliche Verhältnisse in der Sex-Industrie für das Leben von Millionen von Prostituierten bestimmend sind, verwundert es, dass in einem wesentlichen Teil des feministischen Diskurses der Begriff „Sexarbeit" propagiert und die Freiwilligkeit betont wird, obwohl dieser Begriff wesentliche Attribute der Prostitution – männliche Machtausübung, die Fremdbestimmtheit und den kommerziellen Objektstatus der Frauen – ausschließt. Laut Udo Gerheim, der sich als Soziologe mit Freiern beschäftigt hat, beinhaltet die Konzeption der Prostitution als „Arbeit" drei wesentliche Elemente:

- „sie klassifiziert Sexarbeiterinnen nicht als Opfer und Objekt männlich-patriarchaler Dominanz- und Gewaltstrukturen",

- „Sexarbeiterinnen werden als selbstbewusst und selbstbestimmt agierende Subjekte im Feld der Prostitution als Teilbereich des sozialen Feldes der Ökonomie verortet" und

- „die männliche Nachfrage nach käuflichem Sex und käuflicher Lust wird nicht als Manifestation patriar-

chaler Macht- und Unterdrückungsbedürfnisse betrachtet." (Gerheim 2012, 75).

Mit dem Begriff „Sexarbeit", der eigentlich Arbeit mit Sex
bzw. Verkauf von Sex und Sexdienstleistung in beiderseitigem
Einverständnis und auf freiwilliger Basis umschreiben sollte,
kann sich aufgrund der Tatsache, dass es nur einen geringen
Prozentsatz freiwilliger Sexverkäuferinnen gibt, eine Minder-
heit von Frauen in der Prostitution identifizieren. Auf der Website der Prostitutionsforscherin Melissa Farley schreiben
ehemalige Prostituierte aus Kanada, die sich „Ex-Prostitutes
Against Legislated Sexual Servitude" nennen, dass "none of us
have ever met a prostituted woman who would not leave the
'trade' if she had a real chance to do so".

Die Ex-Prostituierten bedauern auch, dass der aktuelle
„Sexarbeit"-Diskurs der Öffentlichkeit vormache, dass Prostitution „normale Arbeit" sei, die nur besser reguliert gehöre
(vgl. ebd.). Sie sind überzeugt davon, dass keine regulative
Maßnahme imstande sei, die Gewalt, Gefahren und Verletzungen, denen Prostituierte ausgesetzt sind, maßgeblich zu reduzieren. Jede Form der "Normalisierung" der Prostitution empfinden sie als Beleidigung:
"We believe that no amount of changing the conditions or
the locations in which we were prostituted could ever have
significantly reduced that harm. We experience the normaliz-
ing of that harm by calling it "work" insulting at best."

Vor diesem Hintergrund stellt sich für mich die Frage, warum im öffentlichen Diskurs fast nur der Terminus „Sexarbeit"
Verwendung findet und nicht darum gerungen wird, für Prostitution die Definition „Zwangsarbeit" einzuführen.

Laut einer Definition der ILO (International Labour Organisation) umfasst Zwangsarbeit zwei grundlegende Elemente,
die größtenteils auch für Prostitution gelten: dass die Arbeit
oder Dienstleistung unter Androhung einer Strafe verlangt und
unfreiwillig verrichtet wird (vgl. ILO 2005, 5). Prostituierte
sind sowohl strafenden, gewalttätigen, aggressiven, enttäusch-
ten Freiern als auch der Gewalt und Disziplinierung der Zuhäl-

ter ausgesetzt. Das Bestrafungs-Register der Zuhälter reicht von Lohnentzug bis zu Vergewaltigungen und regelrechten Folterungen. Der kanadische Soziologe Richard Poulin schreibt: „Wenn Frauen Widerstand leisten, zögern die Zuhälter nicht, sie zu foltern. Das Ziel besteht darin, sie psychisch zu brechen, damit sie keine Kraft mehr haben, Widerstand zu leisten und sie in der Folge nur mehr ein funktionierender Körper, ein Sexobjekt sind, verkaufbar und bereit, alle sexuellen Demütigungen hinzunehmen." (Poulin 2005, 15). Das zweite grundlegende „Element" der Zwangsarbeit, die „Unfreiwilligkeit", ist allein schon dadurch belegt, dass rund 90 Prozent der Prostituierten aussteigen würden, wenn sie könnten (vgl. Farley 2000).

Die ILO unterscheidet zwischen einer Zwangsarbeit, die vom Staat auferlegt wird und einer „von privaten Akteuren auferlegten" Zwangsarbeit. Zur letzteren zählt die „kommerzielle sexuelle Ausbeutung". Sie umfasst „Frauen und Männer, die unfreiwillig der Prostitution oder anderen Formen kommerzieller sexueller Tätigkeit nachgehen oder die der Prostitution freiwillig nachgehen, aber nicht aufhören können" (ILO 2005, 11).

Das Ausmaß der „freiwillig" in der Prostitution arbeitenden Frauen wird weltweit auf drei bis fünf Prozent geschätzt. Dieser geringe Prozentsatz ist das erklärte Zielobjekt der Vertreterinnen des „Sexarbeit"-Ansatzes. Diese verwehren sich auch gegen eine Darstellung der SexarbeiterInnen als Opfer und gegen eine „diskursive Verbindung von Frauenhandel und Sexarbeit" (El-Nagashi 2010, 80). Die Unterscheidung zwischen erzwungener und freiwilliger Prostitution erscheint mir aus mehreren Gründen im Sinne des Feminismus kontraproduktiv. Zum einen legitimiert sie Prostitution grundsätzlich und damit den Kauf von Frauen/Frauenkörpern und deren „Entwürdigung" (vgl. Millett 1981, 105). Zum anderen ist die „Freiwilligkeit" ein relativer Begriff und schwer zu präzisieren. Denn viele Frauen, die freiwillig – um der Armut zu entkommen oder Schulden abzubauen – in die Prostitution eingestiegen sind, schaffen den Ausstieg nicht mehr, da praktisch keine durch Prostitution der Armut entkommt (vgl. MacKinnon 2011, 141). Des Weiteren wende ich gegen die Distinktion Zwang versus Freiwilligkeit ein, dass durch ein Akzeptieren der Institution Prostitution männliche Macht- und Herrschaftsverhältnisse zementiert werden.

> *„Die scheinbar überhistorisch gültige Arbeitsteilung, in der ein weibliches Angebot einer männlichen Nachfrage gegenübersteht, wird somit naturalisiert und als unveränderlich hingenommen. Damit wird verhindert, die Strukturen und Funktion der geschlechtsspezifischen und geschlechtshierarchischen Arbeitsteilung als historisch gewachsenes patriarchales Privilegiensystem und Dominanzverhältnis zu deuten."* (Gerheim 2012, S. 298)

Auch Alice Schwarzer will sich „keine menschenwürdige Gesellschaft vorstellen [...], in der ein Mensch für ein paar Scheine das Recht hat, den Körper und die Seele eines anderen Menschen zu berühren und zu benutzen". Auf ihrer Website führt sie einen Prostitutions-Blog, in dem sie u. a. gegen die ständig ins Treffen geführte Behauptung „Prostitution hat es schon immer gegeben", argumentiert: „Die ersten Sklavinnen wurden zur Prostitution gezwungen. Doch auch das Sklaventum haben wir – vor noch gar nicht so langer Zeit – zu ächten begonnen. Sicher, es gibt noch immer SklavInnen in dieser Welt (nicht zuletzt die Zwangsprostituierten im Haus nebenan) aber der aufgeklärte Teil der Welt missbilligt und bekämpft heute das Sklaventum. Dahin müssen wir endlich auch für die Prostitution kommen!"

Die Zeitschrift EMMA und Alice Schwarzer kampagnisieren schon seit den 1990er Jahren unter anderem in Form von Dossiers, wie „Prostitution, Ware Frau" (2/2011),„Prostitution und Frauenhandel" (2/2007), „Das System Prostitution" (1/2007) oder „Prostitution abschaffen" (3/2003) gegen Prostitution. Das Engagement von EMMA setzte ein, als der deutsche Staat zur Liberalisierung der Prostitution ansetzte und Prostitution von vielen Grünen und Linken toleriert wurde. Die Position, die die Zeitschrift vertritt, kann so auf den Punkt gebracht werden: Solidarität mit den Prostituierten – aber Kampf der Prostitution. „Denn Prostitution zerstört nicht nur Körper und Seele der sich prostituierenden Frauen (die nicht selten Hausfrauen sind, die heimlich dazu verdienen), sie macht alle Frauen zum käuflichen Geschlecht." (Editorial, EMMA-Website 2011).

Nach der von Rot-Grün in Deutschland verabschiedeten Reform des Prostitutionsgesetzes wurden die Befürchtungen, die in EMMA-Berichten und Dossiers formuliert wurden, wahr: Die Reform, die Prostitution zu einem ‚Beruf wie jeder andere' erklärte, brachte vor allem Zuhältern und Menschenhändlern Vorteile. „Zum Beispiel kann die Polizei keine Razzien mehr in Bordellen machen (wo sie früher regelmäßig Minderjährige und Zwangsprostituierte aufzuspüren pflegte), [es] kann für Prostitution ungehemmt geworben werden und jeder eine ‚Modelwohnung' mitten im Wohnhaus führen. Dank dieser Reform ist die Prostitution in Deutschland salonfähig geworden." (ebd., 2011).

EMMA hat dokumentiert, wie unmenschlich das Geschäft mit der Prostitution abläuft und dass es nur mehr ganz wenig mit Arbeit im herkömmlichen, reproduzierenden Sinn zu tun hat, sondern mit Verachtung und Ausbeutung. Das Politikmagazin „Panorama" auf ARD (29/11/2011) zog Bilanz über die Liberalisierung der Prostitution in Deutschland, und interviewte Prostituierte in einem Laufhaus. Eine anonymisierte Prostituierte aus Rumänien erzählt:

„Ich musste non-stop mit den Männern Sex haben. Ohne regelmäßig zu essen oder zu schlafen. Manchmal gab es in der Nacht nur zwei, drei Stunden Schlaf. Es war ein großer Druck und sehr belastend. Man durfte keinen Kunden ablehnen."

Eine gewisse Sorana aus Rumänien sagt: „Ich dachte immer, die Männer in Rumänien behandeln uns schlecht, aber hier in Deutschland, wo alles legal ist und andere Bedingungen herrschen, da behandeln sie uns wie Müll." (DasErste, Panorama, 2011).

Die KritikerInnen der Klassifizierung von Prostituierten als „Sklavinnen" bzw. Opfer männlicher Gewaltstrukturen, propagieren hingegen die Freiwilligkeit und das selbstbestimmte Arbeiten in der Prostitution. Zwei Journalistinnen der ORF-Sendung „Am Schauplatz" gingen der Frage nach, ob es überhaupt Frauen gibt, die sich aus freien Stücken prostituieren. „Die mondäne Hure gibt es nicht. Nicht in Österreich, nicht in Deutschland" wurden die „Schauplatz"-Reporterinnen in der online-Zeitung „diestandard" (2011) zitiert. In den großen Bordellen Deutschlands und Schwedens, wo Teile der Reportage gedreht wurden, sind Ausbeutung und Menschenhandel an der Tagesordnung.

Es kommen immer mehr Bücher, die von ehemaligen Prostituierten geschrieben werden, auf den Buchmarkt. Die VerlegerInnen kalkulieren mit dem Voyeurismus der RezipientInnen und die Autorinnen werden dementsprechend häufig als „Sensationsgäste" in Talkshows eingeladen, um möglichst detailreich über die sexuellen Praktiken zwischen Freier und Prostituierter zu erzählen. Die ehemalige Prostituierte Lilly Lindner hingegen hat eine politische Botschaft: Sie will mit ihrem Buch „splitterfasernackt" vor der Verharmlosung der Prostitution warnen. Die heute 26-jährige Deutsche wurde im Alter von sechs Jahren missbraucht und mit 21 Jahren „freiwillige" Prostituierte. Als sie nach einigen Jahren am Strich den Ausstieg schaffte, veröffentlichte sie ihr autobiografisches Buch. Lindner verwendet für Prostitution den Begriff „Ganzkörperbenutzung" und zweifelt am Mythos der selbstbestimmten „Sexarbeit". Sex im Tausch gegen Geld ist für die Autorin ein „knallhartes und hässliches Geschäft [...]. Man wird zu einem Produkt, einer Ware, die gehandelt werden muss" (Lindner 2011, 188). Zu Freiwilligkeit im Sexgeschäft schreibt Lindner, dass höchstens eine einzige von tausend Prostituierten den Job mache, weil sie „sich nichts Besseres vorstellen kann, als stundenlang zu vögeln". Die meisten würden es machen, weil sie entweder einem Zuhälter gehören, bei dem das gesamte Geld abgeliefert werden muss, und/oder aus Geldnot und/oder weil sie ein Drogenproblem haben. Lindner: „Dieses

Geschäft vollzieht eine Gratwanderung auf jedem Körper. Und es hinterlässt seine Abdrücke und Spuren, die sich nie mehr wegwischen lassen. Denn auch wenn alles gut läuft, wenn die Schwänze nicht allzu groß sind: angebumst ist jede Seele in diesem roten Licht." (Lindner 2011, 188).

2009 beschäftigte sich die bekannte deutsche Feuilletonistin Ursula März in ZEIT- Online mit den sogenannten Flatrate-Bordellen. Die Autorin kommt zu dem Schluss, dass es sich bei der Arbeit in diesen Bordellen, wo der Kunde zu einem Pauschalpreis unbegrenzt viele Prostituierte benutzen kann so oft er will, um „Sklaverei" handelt:

„Wenn es einem Freier überlassen ist über die Leistung zu bestimmen, welche die prostituierte Frau zu erbringen hat, haben wir es nicht mehr mit dem ‚ältesten Gewerbe der Welt' zu tun, sondern mit der neuesten Form der Sklaverei. Mit Flatrate Sex kommt nicht nur eine Geschäftsidee in die Welt, sondern auch eine moralische Idee mit Symbolcharakter. Eine Gesellschaft, die heute Flatrate-Sex toleriert, wird morgen zu der Ansicht zurückfinden, es handle sich bei einer Vergewaltigung um ein bedauerliches, aber eben um ein triebgesteuertes Kavaliersdelikt." (Zeit-Online, Ursula März, 2009)

Arbeitsbedingungen die von Linken und Grünen in anderen Arbeitsverhältnissen bzw. Dienstleistungsbereichen – wie etwa in der Bekleidungsindustrie, aber auch im Handel als „ausbeuterisch" kritisiert und bekämpft werden, werden in der Prostitution akzeptiert. Irmgard Schewe-Gerik, ehemalige Bundesabgeordnete der deutschen Grünen, kommentierte den oben zitierten „Panorama"-Bericht über die frauenverachtenden Zustände in Deutschlands Großbordellen folgendermaßen: „Die Zahl der Prostituierten ist angestiegen, dadurch sind die Preise gesunken, so funktioniert die Marktwirtschaft, so ist das." (Das Erste, Panorama, 2011).

In Wien, wo es rund 1.300 registrierte weibliche Prostituierte und geschätzte 8.000 „Illegale" gibt (vgl. Wiener Programm für Frauengesundheit, 2012), sind die Arbeitsbedingungen – wie in den meisten Staaten Europas – gekennzeichnet von Rechtlosigkeit, Ausbeutung, ständiger Konfrontation mit Gewalt und enormen gesundheitlichen Risiken. „Zu den größten gesundheitlichen Problemen von Prostituierten zählen sexuell übertragbare Krankheiten, Drogen- und Alkoholabhängigkeit [...] sowie posttraumatische Belastungsstörungen und Depressionen." (Wiener Programm für Frauengesundheit, 2012). Je jünger die Frauen sind, desto häufiger werden sie Opfer einer Gewalttat. „Etwa 80 % werden während ihrer Zeit als Prostituierte misshandelt, bedroht oder vergewaltigt", heißt es auf der Website der ExpertInnen vom „Wiener Programm für Frauengesundheit". Knapp 90 % der in der Prostitution tätigen Frauen und Mädchen würden sofort aussteigen, wenn sie die Möglichkeit dazu hätten. Dieses, die viel zitierte „Selbstbestimmtheit" in Frage stellende, Faktum deckt sich mit den Forschungsergebnissen der US-amerikanischen Wissenschaftlerin Melissa Farley, die bekannt ist für ihre weltweiten Studien zum Thema Prostitution, Menschenhandel und sexuelle Gewalt. Sie stellte Prostituierten u. a. die Frage „Was brauchst du?" Darauf antworteten 89 % der Befragten mit „Ausstieg aus der Prostitution" und gaben gleichzeitig an, dass sie aber keine andere Überlebensmöglichkeit hätten. Farley zieht aus ihren Untersuchungen den Schluss, dass Prostitution alles andere als eine freiwillige und „normale Arbeit" ist.

Prostitution is:

a) sexual harassment
b) rape
c) battering
d) verbal abuse
e) domestic violence
f) a racist practice
g) a violation of human rights
h) childhood sexual abuse
i) a consequence of male domination of women

j)   a means of maintaining male domination of women
k)   all of the above
(Melissa Farley 2011, Prostitution, education and research-
website)

Prostitution ist kein abstraktes Thema, sondern für über 40 Millionen Frauen weltweit ein existenzielles Problem, das mit Zwangsarbeit, Entwürdigung, Ausbeutung und Versklavung verknüpft ist. Mit diesem Wissen ist der Gebrauch des Terminus Sexarbeit in Bezug auf Prostitution geradezu zynisch. Er verschleiert ihre negativen Auswirkungen weil er vorgibt, Sex sei eine normale Arbeit bzw. Handelsware wie jede andere.

Gerheim zufolge wird mit der „Aufwertung" des als diskriminierend empfundenen Begriffs Prostitution durch den Begriff Sexarbeit eine gesellschaftliche Normalisierung der Ausübung und Nachfrage von Prostitution verfolgt. „Aus der Definition von Prostitution als Arbeit wird die vollständige rechtliche, soziale, politische und moralische Gleichstellung mit anderen Berufsgruppen sowie Arbeits- und Erwerbsformen geschlussfolgert." (Gerheim 2012, 71).

Sexarbeit als „Dienstleistung" aufgefasst, ergibt für Gerheim eine inhaltliche Nähe zu Dienstleistungen wie medizinischen Massagen, Fußpflege, Friseurhandwerk, Schauspielerei, Geburtshilfe, Medizin etc. Dem entsprechend wird der „Sexarbeiterin" auch ein Arbeits- bzw. Kompetenzprofil zugeschrieben. Die Sozialarbeiterin Nicole Burgstaller aus Innsbruck, die aus Gründen der Wertschätzung statt Prostitution den Terminus Sexarbeit verwendet, zählt in einem Artikel in den AEP-Informationen Kompetenzen auf, die eine Prostituierte bzw. Sexarbeiterin vorweisen kann/sollte: „Sexarbeiterinnen müssen aufgrund der unterschiedlichen Anforderung der Dienstleistung besondere Fähigkeiten und Kompetenzen mit sich bringen [...]: Teamfähigkeit und soziale Kompetenzen, Kommunikations- und Kooperationsfähigkeit, Selbstdisziplin, Kontaktfreudigkeit, Sensibilität, Problemlösungsfähigkeit, Verantwortlichkeit, Flexibilität, Verhandlungskompetenz,

Realitätssinn, Lernfähigkeit und -Bereitschaft." (AEP-Nachrichten 2009, 33).

Diese „Kompetenzen", die eine Prostituierte im Falle eines beruflichen Umstieges am Arbeitsmarkt konkurrenzfähiger machen soll, könnten, wenn Sexarbeit am Arbeitsamt vermittelt wird, die Mindeststandards sein, die eine Frau – wenn sie den Dienstleistungsberuf „Sexarbeiterin" ergreifen möchte/muss – mitzubringen hat.

Laut Gerheim geht es aber bei der Zuweisung des Terminus „Sexarbeit" nicht nur um „Wertschätzung" und Professionalisierung, sondern auch um eine „Widerstandsstrategie gegen (die) Machttechnologie der gesellschaftlichen Doppelmoral („Heilige" und "Hure") sowie gegen die sozial-rechtliche Diskriminierung und sexualmoralische Diffamierung von Frauen, die in der Prostitution arbeiten" (Gerheim 2012, 71).

Die Forderung nach einer weltweiten Anerkennung prostitutiver Tätigkeiten als legale Arbeit soll – so die Vertreterinnen des Sexarbeit-Ansatzes – Sexarbeiterinnen aus dem gesellschaftlichen Abseits holen und „die verfolgte Absicht der verbesserten Regulierung und damit auch Professionalisierung der freiwilligen Sexarbeit besser zum Ausdruck bringen" (AG-LKP 2012, 12).

Auch für Catharine MacKinnon, Melissa Farley und Alice Schwarzer steht außer Zweifel, dass durch gesetzliche Regulative die Frauen in der Prostitution bestmöglich abgesichert und vor Gewaltübergriffen geschützt werden müssen. Aber darüber hinaus fordern sie, dass Prostitution als das, was sie in ihren Augen ist – Zwangsarbeit, Versklavung und Ausbeutung – verboten werden soll, anstatt Prostituierten als Marktsubjekten Anerkennung zu verschaffen.

Eine humanistische Gesellschaft – so meine Schlussfolgerung – kann sich nicht darauf beschränken, bessere Rahmenbedingungen für Sklavinnen und Zwangsarbeiterinnen zu fordern, sondern muss die Bedingungen, die dazu führen, verändern.

Prostitution und Menschenrechte

Was bedeuten Menschenrechte für Prostituierte?

Menschenrechte sind die grundlegendsten Rechte, die jedem Menschen zustehen. Sie sind in den Verfassungen der einzelnen Staaten, in der Allgemeinen Erklärung der Menschenrechte (AEMR), der Charta der Vereinten Nationen, aber auch im Völkerrecht festgeschrieben. „Die Inanspruchnahme von Menschenrechten ermöglicht Menschen ihr eigenes Leben zu gestalten und zu bestimmen, auf einer Basis der Freiheit, Gleichheit und Respekt vor der menschlichen Würde." (Tertinegg, 2009, 18).

Wie weit Prostituierte die Möglichkeit haben, überhaupt ein „eigenes", selbstbestimmtes Leben auf Basis der Freiheit, Gleichheit und Respekt vor der Menschenwürde zu führen, ist auch eine zentrale Frage für Juristinnen und Menschenrechtsexpertinnen. Wenn im Artikel 1 der Allgemeinen Erklärung der Menschenrechte (1948) steht, dass alle Menschen frei und gleich an Würde und Rechten geboren sind, so müsste zu dieser Gleichheit auch gehören, dass sich Frauen nicht mehr an Männer verkaufen bzw. sich ihnen sexuell unterwerfen müssen. Denn „wenn die Geschlechter gleich wären, würden Frauen nicht sexuell unterworfen sein", hält die feministische Rechtswissenschaftlerin Catharine MacKinnon in ihrem Text „Über Differenz und Herrschaft" fest (MacKinnon 2009, 141).

In egalitären Verhältnissen war sexuelle Gewalt die Ausnahme, schreibt MacKinnon. "Die Zustimmung zu Sexualität könnte im Allgemeinen tatsächlich gegeben sein, und Frauen, denen sexuelle Gewalt angetan worden ist, würde geglaubt werden. Wenn die Geschlechter gleich wären, würden Frauen nicht ökonomisch unterworfen, ihre Verzweiflung und Marginalität nicht kultiviert, ihre erzwungene Abhängigkeit sexuell und ökonomisch nicht ausgebeutet." (MacKinnon 2009, 140). Die Ungleichheit aufgrund des Geschlechts „definiert und situiert Frauen als Frauen" stellt MacKinnon fest (1996, 140). Die Ungleichheit aufgrund des Geschlechts definiert Frauen auch als Prostituierte und macht sie zu Menschen, denen grundlegende BürgerInnenrechte versagt werden:

„Women in prostitution are denied every imaginable civil right in every imaginable and unimaginable way, such that it makes sense to understand prostitution as consisting in the denial of women's humanity, no matter how humanity is defined. It is denied both through the social definition and condition of prostitutes and through the meaning of some civil rights." (MacKinnon, 1993)

MacKinnon hat Menschenrechte und Bürgerrechte ("Civil Rights") in Bezug auf Prostitution untersucht und stellt fest, dass sich zwischen dem, was die Rechte versprechen und dem realen Leben von Prostituierten ein Abgrund auftut, der die Prostituierten verschluckt. So weist die Juristin und Menschenrechtsexpertin u. a. darauf hin, dass der Verstoß gegen das "Recht auf Sicherheit der Person", das auch im Artikel 3 der Allgemeinen Erklärung der Menschenrechte verankert ist, geradezu zum Wesen der Prostitution gehört. „The point of prostitution is to transgress women's personal security. Every time the woman walks up to the man's car, every time the man walks into the brothel, the personhood of women [...] is made more insecure." (ebd., 1993). Auch das Menschenrecht auf Schutz vor Folter oder unmenschlicher und erniedrigender Behandlung gilt laut MacKinnon für Prostituierte nicht. Laut Richard Poulin, Soziologe in Ottawa, gehören Vergewaltigungen zu den „Zurichtungsmethoden" vieler Zuhälter, um die Frauen für die „Märkte" in London, Hamburg oder Instanbul „abzurichten" (vgl. Poulin 2005, 3). Aus MacKinnons Sicht gehört es zum Wesen der Prostitution, dass die Prostituierten Brutalitäten, Erniedrigungen und Grausamkeiten ausgesetzt sind. "Menschenhandel gehört zu den schwerwiegenden Verletzungen der Menschenrechte". Da für MacKinnon Prostitution auch dann, wenn es nicht um grenzüberschreitende Zwangsprostitution geht, „Menschhandel" ist, wäre – folgt man ihrer Argumentation –   Prostitution an sich schon eine Menschenrechtsverletzung. MacKinnon beruft sich in ihrer Argumentation auf das „Palermo-Protokoll" der Vereinten Nationen aus dem Jahr 2003, in dem Menschenhandel folgendermaßen definiert wird: „Die Anwerbung, Beförderung, Verbringung, Beherbergung oder Aufnahme von Personen durch die Androhung oder Anwendung von Gewalt oder anderen Formen der Nötigung, durch Entführung, Betrug, Täuschung, Missbrauch von Macht oder Ausnutzung besonderer Hilflosigkeit oder durch Gewährung oder Entgegennahme von Zahlungen oder Vorteilen zur Erlangung des Einverständnisses einer Person, die Gewalt über eine andere Person hat, zum Zweck der Ausbeutung." Als eine Form der Ausbeutung werden in dem Protokoll die „Ausnutzung der Prostitution anderer oder Formen sexueller Ausbeutung" genannt. Für MacKinnon subsumiert unter das Palermo-Protokoll alles, „was in der Sexindustrie tatsächlich passiert" (MacKinnon 2011, 141).

Auch den in dem Palermo-Papier festgehaltenen Tatbestand der „Nötigung" sieht MacKinnon in der Prostitution voll erfüllt. Und zwar dann, wenn Sex, der eigentlich selbstbestimmt und freiwillig sein sollte, dem Überleben dient, also zum „survival sex" wird. Dann nämlich ist die Prostituierte zum Sex genötigt, weil sie sonst eben nicht überleben kann. MacKinnon zufolge ist Sexarbeit mehr Nötigung als „freiwillig" (MacKinnon 2009, 281).

Ein wichtiges, wenn nicht das wichtigste Menschenrechtsinstrument für Frauen ist die UN-Konvention zur Beseitigung jeder Form von Diskriminierung der Frau (CEDAW), die 1981 in Kraft trat. 1999 wurde sie durch ein Fakultativprotokoll, das die Verfahren zur Überprüfung von Menschenrechtsverletzungen an Frauen näher erklärt, ergänzt. Inzwischen haben sie 187 Staaten unterzeichnet. Die Konvention besteht aus einer Präambel und 30 Artikeln. Von den 30 Artikeln beschäftigt sich nur einer, Artikel 6, dezidiert mit Prostitution: „States Parties shall take all appropriate measures, including legislation, to suppress all forms of traffic in women and exploitation of prostitution of women." (CEDAW). Unter „appropriate measures" ist gemeint, dass sich Staaten verpflichten, dafür zu sorgen, dass Frauen, die in unsichere Arbeitsverhältnisse jeglicher Art (z. B. in private Haushalte, in saisonale Gelegenheitsjobs, in die Sexarbeit) gehandelt werden, all ihre Menschenrechte in Anspruch nehmen können. Des Weiteren müssen Staaten die Bedingungen, unter denen Sexarbeit stattfindet, so gestalten, dass Sexarbeiterinnen nicht ausgebeutet werden und all ihre Rechte gewahrt sind (vgl. Tertinegg 2009, 20).

Auch MacKinnon setzt sich dafür ein, dass alles mögliche gegen die Ausbeutung der in der Prostitution tätigen Frauen unternommen werden muss und die Frauen unterstützt und entkriminalisiert werden müssen. Aber eine adäquate Menschenrechtspolitik im Sinne der Prostituierten verlange ihrer Meinung nach auch noch andere Maßnahmen. Konkret: „[...] criminalizing their buyers strongly, an effectively criminalizing third-party profiteers" (MacKinnon 2009, 307).

Dass solche, wie von MacKinnon vorgeschlagene Maßnahmen (Bestrafung der Sexkäufer und an der Prostitution mitverdienende Dritte) nicht dezidiert als Empfehlung in den CEDAW-Papieren angeführt sind, fügt sich in die allgemeine Haltung des CEDAW-Committees, das Prostitution als gegeben akzeptiert. In den „Concluding Observations" des CEDAW-Committees sind daher nur Empfehlungen zu finden, die die Legalisierung von Prostitution und/oder mehr arbeits- und sozialrechtliche Maßnahmen einfordern. Es gibt keine einzige Empfehlung zur Bestrafung der Freier (vgl. CEDAW).

Juristisch von Belang ist für die österreichische Verfassungsjuristin Lilian Hofmeister Artikel 5 (CEDAW), selbst wenn nicht dezidiert von Prostitution die Rede ist. In diesem Artikel werden von den Staaten Maßnahmen gefordert, welche die „Vorurteile, Traditionen, Sitten und Gebräuche in Bezug auf herkömmliche Rollenbilder und Stereotypen von Mann und Frau" beseitigen sollen: „States Parties shall take all appropriate measures:

a) „To modify the social and cultural patterns of conduct of men and women, with a view to achieving the elimination of prejudices and customary and all other practices which are based on the idea of the inferiority or the superiority of either of the sexes or on stereotyped roles for men and women."

Für Hofmeister "verstößt das Phänomen Frauenprostitution gegen Artikel 5 a CEDAW, weil weltweit überwiegend Frauen betroffen sind und die stereotype Sicht auf Frauen immer wieder verfestigt statt hinterfragt und abgeschafft wird".

Hofmeister teilt ebenso die Einschätzung der US-amerikanischen Prostitutionsforscherin und Psychologin Melissa Farley, wonach Prostitution unter anderem als „a consequence of male domination of women" und als Mittel zur Erhaltung der Dominanz von Männern über Frauen zu sehen [ist] (Farley, 2000).

So wie für MacKinnon und Farley stellt sich für Hofmeister Prostitution als eine mit der Menschenwürde nicht vereinbare Menschenrechtsverletzung dar.

„Ich meine, dass jede Form von Prostitution die Würde aller Frauen verletzt. Ich sage das nicht aus Prüderie, sondern weil ich überzeugt bin, dass die sexuelle Verfügbarkeit von Frauen die gesellschaftliche Stellung aller Frauen schädigt. Die Begegnung der Geschlechter auf Augenhöhe ist ausgeschlossen, solange irgendwo eine Frau bereit ist, sich zu prostituieren." (vgl. Hofmeister, 2012).

Die Menschenrechtsexpertin Lilian Hofmeister geht dabei von einem Prostitutionsbegriff aus, „der eine wirtschaftliche Notlage oder zumindest das Streben nach Existenzsicherung seitens der Frauen einschließt. So gesehen ist die Freiwilligkeit bei der Ausübung der Prostitution anzuzweifeln, weil die ökonomischen Verhältnisse auch eine Zwangslage erzeugen. Außerdem wäre es an der Zeit, wissenschaftliche Analysen im großen Stil zu den individuellen Ursachen für Prostitution vorzunehmen." (ebd., 2012).

Die UN-Konvention zur Beseitigung jeder Form von Diskriminierung der Frau (CEDAW) ist auch für die australische Sozial-und Politikwissenschaftlerin Sheila Jeffreys wichtiger Anknüpfungspunkt, wenn sie in ihrem Buch "Die industrialisierte Vagina" Prostitution als "schädliche kulturelle Praktik" analysiert (Jeffreys 2014, 18).

Im Artikel 2f der CEDAW werden die Unterzeichnerstaaten aufgefordert Maßnahmen zur Änderung oder Aufhebung aller bestehenden Gesetze, Verordnungen, Gepflogenheiten und Praktiken zu treffen, die eine Diskriminierung der Frau darstellen:

"To take all appropriate measures, including legislation, to modify or abolish existing laws, regulations, customs and practices which constitute discrimination against women".

Für Sheila Jeffreys treffen die in diesem Artikel 2f genannten Kriterien wie auch jene aus Artikel 5a (siehe oben) auf die "Prostitution besonders gut" zu. Denn sie sieht in der Prostitution eine Praktik die "durch und in den Körpern von Frauen und zum Nutzen von Männern ausgeführt wird." (Jeffreys 2014, 19).

Wenn wir uns die Frage nach existierenden Menschenrechten in der Prostitution stellen, ist meines Erachtens auch Artikel 6 der Allgemeinen Menschenrechte (AEMR) von Belang. In dem Artikel heißt es, dass jeder das Recht hat, überall als rechtsfähig anerkannt zu werden. Prostituierte haben bzw. hatten dieses Recht bis vor kurzem nicht. In Österreich z. B. waren bis 2012 Verträge über den Kauf sexueller Dienstleistungen nach der geltenden Judikatur bisher sittenwidrig. Damit konnten weder Verträge zwischen Prostituierten und Sexkäufern abgeschlossen werden, noch waren Dienstverhältnisse zwischen Prostituierter und Bordellbetreiber möglich. In einer Entscheidung des Obersten Gerichtshofs vom 18. April 2012 ist dieser von der bisherigen Einschätzung, wonach ein Vertrag zwischen Prostituierter und Freier sittenwidrig wäre, abgegangen. „Der Oberste Gerichtshof erlaubt nun grundsätzlich – bei unveränderter Rechtslage – die Einklagung, wenn nicht Leichtsinn, Unerfahrenheit, Triebhaftigkeit und Trunkenheit im Spiel waren" – auf Seiten des Freiers (3 Ob 45/12 g). Für die Juristin Lilian Hofmeister ist die Freude über dieses Urteil, wie sie von vielen NGO-Vertreterinnen formuliert wird, etwas zu euphorisch, da übersehen wird, dass der OGH-Entscheid nicht durch eine Prostituierte, sondern durch einen Kellner erwirkt wurde, der sich von einem Freier geprellt fühlte. Somit ist diese Rechtsauslegung fürs Erste in erster Linie den Männern zu Gute gekommen.

Staat und Prostitution

Staatliche Interventionen und Gesetzeslagen
in Österreich

In Österreich reguliert ein komplexes System von Bundes- und Landesgesetzen die Ver- und Gebote in der Prostitution. Seit der Strafrechtsreform 1974 wird Prostitution nicht mehr grundsätzlich kriminalisiert, aber die Ausübung und die Prostituierten selbst unterliegen zahlreichen behördlichen Bestimmungen. Reguliert wird die Prostitution nicht nur durch die Prostitutionsgesetze der einzelnen Bundesländer (betreffend der Erlaubniszonen, Arbeitsorte und deren Ausgestaltung) sondern ebenso durch das Fremdenrecht, Strafrecht, Steuerrecht und durch rechtliche Regelungen zum Gesundheitsbereich. Für Prostituierte gilt eine behördliche Registrierungspflicht, die Verpflichtung zu regelmäßigen Gesundheitsuntersuchungen sowie Steuerpflicht. Gleichzeitig fehlen aber entsprechende Arbeits- und Sozialrechte.

Bis 2012 galt Prostitution nach § 879 ABGB als ein sittenwidriges Geschäft. Dies änderte sich mit einem Urteil des Obersten Gerichtshofes vom 18. April 2012, wodurch die Sittenwidrigkeit von Verträgen zwischen Prostituierten und Freiern aufgehoben wurde. Prostituierte können nun künftig ihre Entgeltforderungen einklagen. Die Aufhebung der Sittenwidrigkeit wird von den ExpertInnen der Beratungsstellen, aber auch von den Grünen, der SPÖ und dem Frauenministerium begrüßt, weil sie als Grundvoraussetzung für eine Stärkung der Rechtsposition von Prostituierten erachtet wird.

Derzeit sind in Österreich Schätzungen zufolge 5.000 bis 7.000 Prostituierte legal tätig (vgl. Grüner Frauenbericht 2012, 39). 90–95 % davon sind MigrantInnen. Um legal in der Prostitution zu arbeiten, brauchen Frauen (und Männer) einen Meldezettel mit Wohnort in Österreich und sie müssen der Behörde mitteilen, wo sie arbeiten. Seit 1998 gelten in Österreich Prostituierte als "selbstständig Erwerbstätige" bzw. seit dem Jahr 2000 als "Neue Selbstständige". Das bedeutet, dass sie sich binnen vier Wochen ab Aufnahme der Tätigkeit bei der "Sozialversicherungsanstalt der gewerblichen Wirtschaft" anmelden und dem Finanzamt Meldung erstatten müssen. Bundesweit gilt für Prostituierte auch die Verpflichtung der regelmäßigen Gesundheitskontrolle. Gemäß dem Geschlechtskrankheitengesetz wird eine wöchentliche amtsärztliche Untersuchung auf Geschlechtskrankheiten und eine dreimonatliche HIV-Untersuchung verlangt.

Auf Länderebene werden u. a. das Schutzalter, Bordellgenehmigungen, Schutz- und Erlaubniszonen und die Zulassung für Werbemaßnahmen unterschiedlich geregelt. Die Arbeitsgruppe „Länderkompetenzen Prostitution" unter der Leitung des Frauenministeriums empfiehlt daher eine Harmonisierung der landesgesetzlichen Regelungen und die Schaffung einer Bundeskompetenz zur einheitlichen Regelung von Bordellbetrieben (vgl. AL-LKP 2012, 58).

Aufgrund der Inhomogenität der Gesetzeslage finden Diskussionen zum Prostitutionsthema meist auf Länder- und Kommunalebene statt, wie zum Beispiel in Wien. Hier trat im November 2011 ein neues, von der rot-grünen Stadtregierung beschlossenes Prostitutionsgesetz in Kraft, das gravierende Veränderungen nach sich zog. Das Gesetz verfolgt die Verdrängung der sichtbaren Prostitution aus den städtischen Wohngebieten. Der Straßenstrich wird in abgelegene Gebiete der Stadt verlegt. Freiern, die außerhalb der erlaubten Bereiche für Straßen-Prostitution bzw. der genehmigten einschlägigen Lokale mit Prostituierten Kontakt aufnehmen, wird eine Verwaltungsstrafe auferlegt.

Im Vorfeld des Beschlusses dieses neuen Gesetzes zur Regelung der Prostitution in Wien wurde offenbar, wie stark die Polarisierung und die Ambivalenzen sind. Die Grünen betrachteten das Gesetz als „Kompromisslösung" (vgl. derstandard.at vom 11.11.2011), mit dem sie nicht ganz zufrieden seien, weil die Sicherheit der Prostituierten durch die „Auslagerung" an den Stadtrand nicht gewährleistet sei. NGOs und Prostituiertenorganisationen befürchten durch die „Auslagerung" der Prostituierten in die städtischen Randzonen überdies ein Abschieben der Prostitution in die Illegalität und in die Unsichtbarkeit.

Die sozialdemokratischen VertreterInnen der Wiener Stadtregierung zeigen sich trotz der Einwände der KritikerInnen zufrieden mit der Gesetzesreform. Die für Integration, Frauen und KonsumentInnenschutz zuständige Stadträtin Sandra Frauenberger räumt in einem Interview im online-Format diestandard allerdings ein: „Ich weiß, dass Prostitution eine sehr besetzte Diskussion ist, daher wird es rund um dieses Gesetz nie Ruhe geben. Was ich versucht habe zu tun, ist, einen Rahmen zu setzen. Das ist jetzt einmal gelungen und einiges läuft nicht so, wie ich mir das vorstelle." (24. Juni 2012).

Der Österreichischen Volkspartei geht es in der Diskussion um das Wiener Prostitutionsgesetz in erster Linie um die AnrainerInnen-Interessen und den Schutz der Familien: „Es war höchste Zeit, hier im Sinne der Anrainer und vor allem der Familien, die unter der aktuellen Situation besonders zu leiden hatten, vorzugehen und diese Entscheidung zu fällen." (OTS, 23. Mai 2012).

Was den Straßenstrich anbelangt, verlangen BezirksvertreterInnen der ÖVP ein hartes Durchgreifen sogar gegen die Prostituierten: „Schließlich gilt es jegliche Belästigung durch Prostituierte und Freier zur Anzeige zu bringen und den Sexarbeiterinnen und ihren Hintermännern ganz klar zu vermitteln – wir als Bewohner des 15. Bezirks haben keine Lust auf Straßenstrich!" (OTS 13. Sept. 2012).

Während ich diese Arbeit schrieb, gab es in Österreich keine grundsätzliche und öffentliche Diskussion über Prostitution und ihre gesellschaftlichen Auswirkungen. Sie fand lediglich in ExpertInnen- und frauenpolitischen Kreisen statt und wurde im Wesentlichen von zwei Ansichten geprägt: Von jener, die Prostitution als äußerte Form patriarchaler Ausbeutung definiert und von der Ansicht, wonach Prostitution als Erwerbsarbeit zu betrachten und rechtlich auch als solche zu behandeln ist. VertreterInnen der erst genannten (abolitionistischen) Position ortet die Politologin Birgit Sauer sowohl unter den Frauen der sozialdemokratischen Partei (SPÖ) aber auch unter den „frauenbewegten Frauen der ersten Stunde [...] die heute oft in der staatlichen Verwaltung arbeiten" (Sauer 2006, 84). SozialdemokratInnen und die „Frauenbewegten" der ersten Stunde, als auch einzelne FrauenpolitikerInnen der christlich-konservativen ÖVP gehen davon aus, „dass Frauen der Prostitution nie freiwillig nachgehen, sondern dass Prostitution stets mit unfreiwilligen Entscheidungen bzw. Zwängen zu tun hat" (Sauer 2006, 84).

Ergänzt gehört, dass trotz des abolitionistischen Ansatzes die SPÖ-Frauen – vor allem jene in Wien – für die Entstigmatisierung und gegen die Marginalisierung der Prostituierten eintreten. Sie verwenden in der politischen Diskussion auch den Terminus „Sexarbeiterin".

Die Grünen vertreten den „Sexarbeit"-Ansatz und fordern die „rechtliche Gleichbehandlung und Gleichstellung von SexarbeiterInnen mit anderen Erwerbstätigen durch die Legalisierung der Sexarbeit als Erwerbstätigkeit" (Grüner Frauenbericht 2012, 40) und lehnen sich damit an die deutsche Gesetzgebung an.

Die aktuelle österreichische Diskussion zeigt, dass sich sozialdemokratische und grüne PolitikerInnen zumindest darin einig sind, dass die Arbeits- und Lebenssituation für legal arbeitende Prostituierte verbessert gehören. Nicht erwarten können wir jedoch, dass in absehbarer Zeit ein politischer Gegenentwurf zur derzeitigen ambivalenten Handhabung des Prostitutionsthemas vorgelegt wird. Im feministischen Diskurs dominiert zurzeit die liberalistische Position, so wie sie die Grünen und die Prostituiertenberatungsstellen LEFÖ oder SOPHIE vertreten.

Auf der Homepage des österreichischen Frauenministeriums kann man lesen, dass seitens des Ministeriums eine „Legalisierung" von Prostitution angestrebt wird. Das Ministerium beruft sich dabei auf „Expertinnen und Experten", die sich darin einig seien, „dass es besser ist, sich diesen Herausforderungen zu stellen, als den bestehenden Markt durch ein Verbot in den Untergrund zu drängen. Ausländische Beispiele zeigen, dass die Nachfrage mit einem Verbot nicht nachhaltig unterbunden werden kann und Sexdienstleisterinnen und Sexdienstleister noch größerer Ausbeutungsgefahr ausgesetzt werden" (Frauenministerium-Website, 2012).

Die Behauptung, dass durch ein Verbot die Nachfrage „nicht nachhaltig unterbunden" werden könnte und die Prostituierten einer „noch größeren Ausbeutungsgefahr" ausgesetzt sind, werde ich in den folgenden beiden Kapiteln zu widerlegen versuchen. Darin beschreibe ich die schwedische Regelung des „Sex-Kaufverbots" und seine Auswirkungen und die Folgen der Legalisierung in Deutschland.

Regulierung der Prostitution in Deutschland – ein neoliberales Projekt

Am 1. Januar 2002 trat in Deutschland ein neues Prostitutionsgesetz (ProstG) in Kraft. Seither ist Prostitution nicht mehr sittenwidrig; Prostituierte können ihren Lohn einklagen, sich unter der Berufsbezeichnung „Prostituierte" renten- und krankenversichern und sich gewerkschaftlich organisieren. Der Straftatbestand der „Förderung von Prostitution" wurde aufgehoben, um das Milieu zu entkriminalisieren. Festgeschrieben wurde außerdem das Angebot von Ausstiegsmöglichkeiten. Deutschland wurde damit ein Vorreiter in der Liberalisierung der Prostitution.

„Prostitution ist zwar keine Dienstleistung wie jede andere, aber sie ist jetzt legal", heißt es in einem Positionspapier der Dienstleistungsgewerkschaft ver.di, die seither den SexarbeiterInnen auch ein Betreuungsangebot bietet (ver.di 2004, 3). Basierend auf eine Feldstudie der in Hamburg lehrenden Sozialwissenschaftlerin Emilija Mitrovic kam ver.di zum Schluss, dass die legale Prostitution in Deutschland „eine Branche mit einer extrem hohen Ausbeutungs- und Gewaltrate" ist (ver.di 2004, 1) und „der Bedarf an Unterstützung im Kampf gegen Ausbeutung und Diskriminierung der Sexarbeiterinnen enorm ist" (ver.di 2004, 1).

Die arbeitsrechtliche Seite der Studie ergab, dass die meisten Prostituierten sozial- und arbeitsrechtlich nach wie vor schlecht abgesichert sind, die meisten arbeiten nach wie vor als Selbstständige. „Zwar werden viele Frauen von Zuhältern kontrolliert und ausgebeutet, aber zwischen Prostituierten und Zuhältern besteht kein arbeitsrechtliches Verhältnis, sondern ein Privatverhältnis." (ver.di 2004, 4). Auch in den meisten Bordellen sind die Frauen nicht angestellt, sondern lediglich zahlende Mieterinnen oder freie Mitarbeiterinnen. Sechs Jahre nach Veröffentlichung dieser Studie hat sich nicht viel verändert. Laut Emilija Mitrovic „nehmen Prostituierte die Angebote der Gewerkschaft nicht in Anspruch, da sie Prostitution nicht als ‚normale Arbeit' empfinden", und deshalb haben laut Mitrovic „auch ganz wenige Prostituierte einen Arbeitsvertrag und wenn, dann als Barfrau, auch wenn sie als Prostituierte arbeitet" (Telefoninterview, Mitrovic 2012).

Die Liberalisierung der Prostitution sichert den fast ausschließlich männlichen Zuhältern und Bordellbesitzern enorme Gewinne. In Deutschland arbeiten etwa 400.000 Frauen im Feld der Prostitution – fast jede zweite kommt aus dem Ausland, die Bundesregierung schätzt, dass täglich 1,2 Millionen Männer zu Prostituierten gehen. Der Umsatz in diesem Wirtschaftssektor liegt bei 14 Milliarden Euro jährlich. „Prostitution ist also eine feste Größe, aber es ist ein Wirtschaftszweig der im dunklen blüht und oft mit Drogen, Menschenhandel und Gewalt einhergeht." (Hörfunk, Deutsche Welle 2011).

Von vielen Seiten wird betont, dass die Gewinner des Prostitutionsgesetzes, das eigentlich die Situation der SexarbeiterInnen hätte verbessern sollen, ihnen nicht hilft, sondern ihren Ausbeutern hohe Umsätze beschert. Jürgen Rudloff, Betreiber mehrerer Bordelle, mit denen er an die Börse gehen will, sagt in einem „Panorama"-Interview vom 29.9.2011 in der ARD:

„Ich bin sehr begeistert über das Prostitutionsgesetz [...] ich als Betreiber habe nur Vorteile davon genießen können."

Die Nachteile haben die betroffenen Prostituierten: Musste vor Einführung des Gesetzes jede Prostituierte einmal monatlich eine Gesundheitsuntersuchung machen, so fällt dieser Gesundheitscheck und somit ein „zuhälterfreier Tag" weg (vgl. ver.di 2004, 9). Dies bedeutet für Frauen aus dem Ausland, dass sie von den Behörden unbehelligt bleiben, aber großen gesundheitlichen Gefahren ausgesetzt sind. Der Vorteil liegt wiederum bei den Bordellbetreibern: „Wir haben den Vorteil, dass wir dadurch natürlich mehr Zulauf haben von solchen Damen, internationalen Damen, nicht nur deutschsprachige, natürlich aus osteuropäischen Ländern, was früher eigentlich in der Regel fast ausschließlich in der Illegalität war." (Rudloff, 2011 DasErste, Panorama).

Nutznießer des Gesetzes sind auch die Freier. Durch die Zunahme von Prostituierten aus dem osteuropäischen Raum werden die Ware Sex und die Ware Frau zu Diskontpreisen angeboten. In den sogenannten Flatrate-Bordellen können Freier um einen Pauschalpreis von 70 Euro Sex haben, so viel sie wollen. Manche Prostituierte haben oft 30 bis 40 Freier täglich (vgl. DasErste, Panorama, 2011).

Zehn Jahre Liberalisierung der Prostitution in Deutschland waren auch Anlass für die Veröffentlichung einer Studie, welche die Auswirkungen nationaler Prostitutions-Regulierungen auf den internationalen Frauenhandel untersuchte. ForscherInnen der Universitäten Göttingen und Heidelberg haben dabei die „Marktentwicklung" in den Ländern Deutschland, Schweden und Dänemark verglichen. Die AutorInnen Cho, Dreher und Neumayer sind zu dem Ergebnis gekommen, dass die Legalisierung der Prostitution zu einer steigenden Nachfrage und damit zu einer Vergrößerung des Marktes führe. Und damit steigt auch die Nachfrage nach illegal eingeschleusten Prostituierten.

„The scale effect of legalizing prostitution leads to an extension of the prostitution market and thus an increase in human trafficking, while the substitution effect reduces demand for trafficked prostitutes by favouring prostitutes who have legal residence in a country." (Cho, Dreher, Neumayer 2012, 20).

In Deutschland, wo Prostitution legal ist, ist der Markt 60 Mal größer als in Schweden, wo Prostitution verboten ist. Gleichzeitig habe Deutschland rund 62 Mal so viele Opfer von Menschenhandel wie Schweden, obwohl die Bevölkerung nur neunmal so groß ist wie die schwedische (ebd., 19).

Die von den „SexarbeitslobbyistInnen" geforderte Trennung und diskursive Entkoppelung von Frauenhandel und Sexarbeit (als freiwillige Tätigkeit) und die Konzentration der Diskussion auf das Thema „Rechtliche Gleichstellung von SexarbeiterInnen mit anderen Erwerbstätigen" (vgl. Grüner Frauenbericht 2012, 42) hat dazu geführt, dass der Blick auf die tatsächlichen Verschränkungen von freiwilliger und erzwungener Prostitution, wie sie in Deutschland immer sichtbarer wird, verdeckt wurden.

Auch VertreterInnen der Polizei weisen darauf hin, dass, wenn der Markt wächst, der Bedarf an Prostituierten steigt. Der Chef der Augsburger Kriminalpolizei Klaus Bayerl referierte 2008 auf einer von der Hanns-Seidel-Stiftung organisierten internationalen Konferenz zum Thema Frauenhandel in Donezk (Ukraine) über das deutsche Gesetz. Er behauptete, dass die Erwartungen der Bordellbetreiber und Zuhälter, das Image aufzubessern, aufgegangen sei – insbesondere, wenn es um die Beschaffung der Prostituierten geht: „Bordellbetreiber oder deren Anwälte verweisen häufig darauf, dass die sehr oft sehr jungen ausländischen Prostituierten bereits in ihrem Heimatland einschlägig gearbeitet haben. Insofern sei nichts Verwerfliches dabei, wenn sie auch in Deutschland dieser Tätigkeit nachgehen. Über die wahren Hintergründe, wie die Prostituierten angeworben werden und unter welchen Bedingungen sie dann die Prostitution ausüben müssen, macht sich offenbar niemand konkrete Gedanken." (Bayerl 2008, 1). Der Umstand, dass sie bereits in ihrem Heimatland der Prostitution nachgingen, lässt in der Gesellschaft Zweifel dahingehend aufkommen, dass die Frauen Opfer von Frauenhandel sind. So wird in der öffentlichen Wahrnehmung aus einer Zwangsprostituierten eine freiwillige Sexarbeiterin.

Bayerl konstatiert auch, dass das liberale Prostitutionsgesetz „die Scheinlegalität sanktioniert und Bordellbetriebe als normale Geschäftsbetriebe eingestuft" habe (ebd.). Auch Gerichte seien dieser Einschätzung gefolgt und haben entschieden, dass das Verhältnis zwischen Prostituierten und Zuhältern bzw. Bordellbetreibern dem regulären Beschäftigungsverhältnis zwischen einem Arbeitnehmer und einem Arbeitgeber mit Weisungsbefugnis gleiche. „Damit wurde die Rechtsposition der Bordellbetreiber und Zuhälter nachhaltig gestärkt und leider die der Prostituierten deutlich geschwächt." (ebd.). In mehreren deutschen Gegenden haben sich Großbordelle etabliert, die äußerlich Wellness-Betrieben gleichen, um den Rotlicht-Etablissements den schmuddeligen Bordellcharakter zu nehmen. Die darin tätigen Frauen unterliegen einer nahezu lückenlosen Kontrolle über Videokameras. „Die Frauen müssen sich ausschließlich unbekleidet in den Häusern bewegen, dürfen nicht telefonieren und dürfen nur mit Genehmigung der Geschäftsleitung das Haus verlassen." (ebd.). Die Arbeitszeiten betragen bis zu 16 Stunden täglich. Auf körperliche oder psychische Belange der Frauen wird keinerlei Rücksicht genommen, im Vordergrund steht der Profit. „Die Prostituierte wird nur als Produktfaktor gesehen und entsprechend schlecht behandelt. Die Prostituierten kommen aus allen Erdteilen, um alle denkbaren Kundenwünsche zu erfüllen. Es war festzustellen, dass die Bordellbetreiber ähnlich wie in einem Versandhauskatalog bestimmte Frauentypen orderten." (ebd.).

Rekrutiert werden die Prostituierten ganz bestimmt nicht am Arbeitsamt. Denn hier werden sie, obwohl sie einer legalen Tätigkeit nachgehen, die rechtlich als Dienstleistung eingestuft ist, nicht als gleichberechtigte Klientinnen anerkannt. In der von der Dienstleistungsgewerkschaft ver.di beauftragten Studie wird „Hydra" – eine Beratungsstelle und Selbsthilfegruppe für Prostituierte in Berlin – zitiert, wonach sich die Arbeitsämter weigern, Stellenangebote für Prostituierte zu verwalten. Außerdem stellen sie Prostituierten, die eine Ich-AG gründen wollen, keine Förderung zu Verfügung. Die Weigerung basiere weniger auf rechtlichen als auf moralischen Gründen (vgl. ver.di 2004, 6).

Das Versprechen der deutschen GesetzgeberInnen, den Prostituierten arbeits- und sozialrechtliche Gleichstellung mit anderen Erwerbstätigen zu gewähren, sie als Individuen und Gruppe zu stärken und sie vor Ausbeutung zu schützen – all das konnte mit der Liberalisierung nicht eingelöst werden.

2001, vor Einführung des Gesetzes, sagte die SPD-Bundestagsabgeordnete Anni Brandt-Elsweiler: „Ich betone nochmals ausdrücklich unser Ziel, die Situation der Prostituierten zu verbessern, ihnen Rechte in die Hände zu geben, ihr Selbstverständnis und ihre Position gegenüber Freiern und Zuhältern zu stärken." Zehn Jahre später sagte sie: „Dann tut es mir leid, dass das so in der Praxis keine Wirkung gehabt hat, was wir wollten. Wir haben es gut gemeint." (vgl. DasErste, Panorama, 2011).

Die schwedische Position –
eine feministische Alternative?

Seit 1999 ist in Schweden das Gesetz zum „Verbot des käuflichen Erwerbs sexueller Dienstleistungen" in Kraft. Es ist Teil eines Gesetzespakets zur Bekämpfung von Gewalt gegen Frauen, „Kvinnofrid" (deutsch: Frauenfrieden), von dem bereits wichtige Teile 1997/98 Geltung erlangt haben. Seit 1999 wird Prostitution in Schweden kriminalisiert, jedoch nur auf Seite der Kunden, die Prostituierten bleiben straffrei. 2011 wurde das Gesetz novelliert. Demnach werden Personen, die sexuelle Dienstleistungen kaufen, entweder mit einer Geldstrafe belegt oder müssen mit einer Gefängnisstrafe bis zu einem Jahr rechnen. „Any person who acquires a temporary sexual liaison on the basis of remuneration, shall be guilty of the crime of purchasing a sexual service and can be punished by either the imposition of a fine or a prison sentence of up to one year. This section applies even if the remuneration has been provided or promised by third party."

Dieses Gesetz war damals einzigartig und Schweden nahm damit eine Vorreiterrolle in der Bekämpfung von Prostitution ein. Erklärte Zielsetzung der schwedischen Regelung war, einen abschreckenden Effekt auf alle Käufer von Sex und Sexdienstleistungen zu erzielen und die damit verbundene organisierte Prostitution von Schweden fernzuhalten. Der politische Wille wurde von der Ansicht getragen, dass es in einer gleichberechtigten Gesellschaft nicht akzeptabel ist, dass Männer Frauen für Sex kaufen.

> *"It is shameful and unacceptable that in a gender equal society men obtain casual sexual relations with women in return for payment and that Sweden by introducing a ban on purchasing sexual services, also sent an important signal to other countries highlighting out outlook on purchasing sexual services and prostitution. It pointed out that prostitution entails serious harms to both individuals and to society." (Selected extracts of the Swedish government report, 2010)*

Prostitution wird in Schweden als Gewalt gegen Frauen und somit als gesellschaftlich soziales Problem verstanden. Im Gesetz wird Prostitution als grobe Verletzung der Integrität einer Frau definiert. Dahinter steht die Annahme, dass Prostitution nicht freiwillig sein kann.

Der schwedischen Gesetzeswerdung lag auch die Erkenntnis zugrunde, dass die Liberalisierung der Prostitution weltweit zum Anstieg des Menschenhandels führt.

> *„Through the action plan, the Government once again emphasised that prostitution and human trafficking are not acceptable in our society and that far-reaching measures are needed to combat them. [...] Human trafficking for sexual purpose mainly effects young women and girls. The exact scale of human trafficking around the world is not*

known since many cases are unreported, but it is generally accepted that human trafficking represents one of the most profitable forms of international organised crime. There is thus a clear link between the existence of prostitution and human trafficking for sexual purpose." *(Selected extracts of the Swedish government report, 2010)*

Nachdem das Gesetz nun schon eineinhalb Jahrzehnte in Kraft ist, gibt es bereits Evaluierungen. Eine offizielle Studie des „Department of Social Work" aus 2011 besagt, dass die Mehrheit der SchwedInnen das Gesetz behalten möchte. „A large majority of Swedes want to retain the law, even if they do not have strong confidence that the law reduces the supply or demand." (Kuosmanen, in European Journal of Social Work, 2010).

Ein 2010 von der Regierung vorgelegter Untersuchungsbericht attestiert dem Gesetz ein gutes Jahrzehnt nach seiner Einführung positive Effekte. Die Straßenprostitution wurde in Schweden halbiert. Heute konzentriert sich der Straßenstrich auf drei große Städte: Stockholm, Göteborg und Malmö (Selected extracts of the Swedish government report, 2010).

Gleichzeitig mit der rückläufigen Straßenprostitution wird angenommen, dass der Sexhandel im Allgemeinen in Schweden als direkte Folge des Gesetzes abgenommen hat (Meissl-Arebo, 2011, 144). Das schwedische „Sex-Kaufverbot" ist laut Kriminalpolizei eine Barriere gegen Menschenhandel in der Prostitution (Selected extracts of the Swedish government report, 2010). „Zwar agieren auch kriminelle Gruppierungen, aber in viel geringerem Umfang als in Nachbarländern. Während in Europa oft 20 bis 60 Frauen zu einem Prostitutionsring gehören, hat die schwedische Polizei bei Aktionen gegen illegale Bordelle selten Gruppen mit mehr als vier Frauen plus einige Freier gefasst." (ebd., 2011, 144).

Das Sex-Kaufverbot hat auch die Einstellung der SchwedInnen zur Prostitution verändert. Fand es drei Jahre vor Inkrafttreten des Gesetzes nur ein Drittel der Befragten kriminell, wenn ein Mann bei einer Frau Sex kauft, so waren ein paar

Monate nach Inkrafttreten bereits drei Viertel für das Verbot. Am meisten befürworten unter 30-jährige Frauen wie Männer das Verbot, Menschen für sexuelle Dienstleistungen zu kaufen (Selected extracts of the Swedish government report, SOU 2010, 49).

Auch VertreterInnen von Prostituiertenberatungsstellen berichten von positiven Effekten des schwedischen Gesetzes:

"As we see it the benefit of our legislation is that since selling sex is not illegal we can offer help to these persons. Among the population in Sweden the attitudes towards buying sex has changed and fewer persons actually buy sex. The police also report that Sweden has few victims of human trafficking for sexual purposes compared with countries where it is legal to buy sex and make profit of other persons prostitution." (Auskunft von Prostitutionsgruppen in Göteborg/schwedische Prostitutions-Beratungsstelle 2012)

Schweden war für viele Jahre das einzige Land, das ein abolitionistisches Gesetz umsetzte. Island folgte 2009 der schwedischen Gesetzgebung indem Freier für den Erwerb sexueller Dienstleistungen bis zu einem Jahr bestraft werden. Im selben Jahr führte auch Norwegen die Bestrafung der Freier nach schwedischem Vorbild ein. Ursprünglich wollte auch Finnland den Sexkauf verbieten. Da es dafür aber keine parlamentarische Mehrheit gab, wurde ein abgeändertes Gesetz erlassen: In Finnland ist „Sexkauf" dann verboten, wenn es sich bei der Prostituierten um ein Opfer von Menschenhandel und Zuhälterei oder um eine Minderjährige handelt.

2012 legte die finnische Justizministerin Anna-Maja Henriksson dem Parlament einen Vorschlag für ein „Sex-Kaufverbot" vor (APA, 20.07.2012). Trotz dieses Erfolgs des "Schwedischen Modells", das inzwischen auch schon als Nordisches Modell bezeichnet wird, gibt es auch kritische Stimmen. Die Präsidentin der Vereinigung für finnische Sexarbeite-

rinnen, Johanna Sirkiä, kritisiert, dass das schwedische Gesetz
die Situation von Prostituierten verschlechtert habe,

> *„da sie nun verstärkt Gewalt und Risiken ausgesetzt sind.*
> *Prostituierte können auch keine Anzeigen mehr über ihnen*
> *zugefügte Gewalt bei der Polizei machen, da sie nicht wol-*
> *len, dass die Polizei ihnen „auflauert"/auf sie aufmerksam*
> *wird und ihre Kunden vertreibt. Prostituierte fühlen sich*
> *auch nicht mehr sicher, Sozialeinrichtungen zu kontaktie-*
> *ren." (Gerheim 2012, 73)*

Diese Kritik wird vor allem von den Vertreterinnen des
"Sexarbeit"-Ansatzes ins Treffen geführt und mit der Feststellung erweitert, dass „weder eine breite abschreckende Wirkung
auf Kunden noch eine Verringerung des Marktes" wissen-
schaftlich nachweisbar sei (AG-LKP 2012, 7). Seit der
Illegalisierung hätten Exekutive und Behörden weniger Ein-
blick in den Markt, weshalb auch kaum „nachweisbare Aussa-
gen getroffen werden" könnten, behaupten die AutorInnen der
Arbeitsgruppe „Länderkompetenzen Prostitution".

Dennoch ist das Schwedische Modell, dem eine jahrelange
Überzeugungsarbeit vorangegangen ist, für viele Feministinnen, Frauenorganisationen- und initiativen, prominente Autorinnen und nicht zuletzt aus Sicht der Juristin und Feministin
Catharine MacKinnon eine ernst zu nehmende Alternative:

> *„Das Gesetz erklärt, dass Frauen nicht käuflich sind.*
> *Prostituierte zu entkriminalisieren, erhöht ihren Status —*
> *den Freier zu kriminalisieren, verringert seine Privilegien.*
> *Das schwedische Gesetz ist de facto ein Gesetz für sexuelle*
> *Gleichberechtigung." (MacKinnon 2011, S. 142)*

Resümee

In diesem Buch habe ich mich nicht mit Prostitution als Phänomen an sich beschäftigt. Vielmehr ging es mir um die politische Betrachtungsweise, also darum, wie Prostitution begriffen bzw. gesehen wird: als Arbeit/Beruf wie jede/r andere, als Menschenrechtsverletzung, als Knotenpunkt patriarchaler Machtverhältnisse, als eine extreme Form der wirtschaftlichen (Körper)Ausbeutung?

Ich bin zu dem Schluss gekommen, dass Prostitution keine Arbeit und kein Beruf wie jede/r andere ist und der Begriff „Sexarbeit" und „Sexarbeiterin" ein Zugeständnis an die Terminologie des neoliberalen Wirtschaftssystems ist, in dem die Prostituierte bzw. ihr Körper zum Rohstoff eines ökonomischen Verwertungsprozesses wird.

Im aktuellen Prostitutionsdiskurs der vorrangig von NGOs und Grünen PolitikerInnen getragen wird, herrscht die Ansicht, dass der als diskriminierend empfundene Begriff „Prostitution" durch „Sexarbeit" ersetzt gehört und diese rechtlich als Erwerbstätigkeit („Sex-Arbeit") zu betrachten sei. Folglich liegt auch der Fokus der politischen Forderungen auf einer arbeits- und sozialrechtlichen Gleichstellung mit anderen Erwerbstätigen. Eine Viktimisierung der Prostituierten wird dabei ebenso abgelehnt wie eine diskursive Verbindung von Sexarbeit und Frauenhandel.

Udo Gerheim zufolge wird mit der „Aufwertung" der Prostitution als „Sexarbeit" eine gesellschaftliche „Normalisierung" der Prostitution verfolgt. Prostitution wird somit inhaltlich in die Nähe zu Dienstleistungen wie medizinischen Massagen, Fußpflege, Friseurhandwerk etc. gebracht. Durch die „Normalisierung" werden Prostituierte bzw. „Sexarbeiterinnen" nicht mehr als Opfer und Objekte männlich-patriarchaler Dominanz- und Gewaltstrukturen klassifiziert. Die vom Machtdiskurs entkoppelte und damit gleichzeitig „entpolitisierte" Debatte verdeckt den Blick nicht nur auf geschlechterspezifische Ausbeutungsmechanismen sondern auch auf

- ökonomische Ausbeutungsmechanismen,

- die tatsächlichen Verschränkungen von freiwilliger und erzwungener Prostitution, wie sie in „liberalisierten" Ländern (siehe Deutschland) immer sichtbarer werden,

- die Missachtung der Menschenwürde und die körperliche und psychische Gewalt, denen Prostituierte täglich ausgesetzt sind.

Die Benennung der Prostitution als „Sexarbeit" und die geforderte Gleichstellung mit anderen Berufen bringt, wie ich am Beispiel der liberalisierten Prostitution in Deutschland darlegen konnte, nicht die erwünschte „Stärkung der Rechte" von Sexarbeiterinnen. Im Gegenteil: Nutznießer der Liberalisierung sind die Bordellbetreiber, Zuhälter und der rasant wachsende Sexmarkt insgesamt.

Der prosperierende Sexmarkt wiederum fördert den globalen Frauenhandel und damit die Zwangsprostitution. Vermeintlich „freiwillige" Sexarbeit führt zur Zwangsarbeit.

Ich bin in meiner Arbeit zu dem Schluss gekommen, dass in der Frage der Prostitution erneut ein „machtpolitischer" Diskurs geführt werden muss. Als eine feministische Alternative erachte ich das Nordische Modell des „Sexkauf"-Verbots, weil es davon ausgeht, dass in einer Gesellschaft, in der Männer und Frauen gleichgestellt sind, der Kauf, die Benützung und Verwertung von Frauenkörpern undenkbar ist.

Nachtrag

2012 habe ich meine Masterarbeit abgeschlossen, aus der dieses Buch entstanden ist. Das Buch freut mich allein schon deshalb, weil auf diese Weise der Inhalt einem größeren Leser-Innenkreis zugänglich wird.

Als ich 2012 meine Arbeit präsentierte, ging erstmals auch in Österreich – genauer: in Wien - eine "Prostitutionsdebatte" los. Der Hintergrund war ein neues Prostitutionsgesetz in Wien, dessen vorrangiges Ziel es ist, die "Straßenprostitution" einzudämmen und in die vermeintlich "sicheren" Bordelle zu verlagern. Der Strich sollte nur mehr in abgelegenen "Erlaubniszonen" und in Gewerbegebieten erlaubt sein. Beschlossen wurde das Gesetz von der Fraktion der Grünen und den SozialdemokratInnen. Anlass war der wachsende Unmut von AnrainerInnen, der in lautstarken Protesten mündete.

Nach Inkrafttreten des Gesetzes kritisierten insbesondere eine Sexworker-Plattform (als deren Sprecher ein Freier auftritt) und einzelne "Pro-Sexwork"-Aktivistinnen das Gesetz, weil es die Prostituierten in "dunkle" Gefahrenzonen verlagere. VertreterInnen der Grünen, die das Gesetz zwar mitbeschlossen hatten, schlugen in die gleiche Kerbe: Sie forderten "mehr sichere Bereiche für Straßenprostitution" (OTS, 31.10.2012). Was allerdings im Rahmen dieser Diskussion nie hinterfragt wurde, war das "System Prostitution" an sich und das, obwohl Österreich aufgrund seiner geografischen Lage nicht nur Transit- sondern auch Zielland von zur Prostitution gezwungener Frauen ist und obwohl sich zu diesem Zeitpunkt in Europa bereits 200 Organisationen aus 28 Ländern für ein Europa ohne Prostitution einsetzten („Brussels Call for a Europe free of Prostitution"). Tatsachen, welche die BerfürworterInnen wie KritikerInnen des Wiener Gesetzes nicht zu tangieren schienen, denn es handelt sich dabei um VertreterInnen des Sexarbeit-Ansatzes, die Prostitution als Arbeit (wie jede andere) betrachten, deren Umfeld für die Sex-

Arbeiterinnen verbessert werden müsse. Diese sehr verkürzte Herangehensweise an das Thema Prostitution, die übrigens auch von den meisten liberalen Medien unhinterfragt übernommen wurde, führte aber dann doch zu irritierten Reaktionen bei vielen Frauen und schließlich zu einer Wende in der Debatte innerhalb der feministischen "Szene". Mit ausgelöst wurde sie von der feministischen Gruppierung "Verein Feministischer Diskurs". Diese Gruppe, der ich mich in der Folge ebenfalls angeschlossen habe, startete eine Initiative "Stopp Sexkauf" (www.stoppsexkauf.at) um die längst überfällige Diskussion über das System Prostitution anzukurbeln und die dahinter stehende industrielle Verwertungslogik von Frauenkörpern zu hinterfragen. Eine der ersten Aktionen des Vereins "Feministischer Diskurs" war die Veröffentlichung des "Wiener Appells". Unter anderem wird darin gefordert, dass das Kaufen und Benützen von Frauen nicht mehr länger ein Männerrecht sein kann und Sexkauf in Österreich, so wie es das Nordische Modell vorsieht, verboten werden soll. Der Appell, der sich an die Österreichische Bundesregierung richtet und von über 1.400 Menschen unterzeichnet wurde, löste österreichweit eine durchaus kontroverse und emotional aufgeladene Debatte über Prostitution aus. In den Medien fand diese allerdings nur kurzen Widerhall, um sich dann wieder in die frauenpolitische "Szene" zu verlagern. Dabei prallen konträre Ansichten einzelner Aktivistinnen, Bloggerinnen, Wissenschaftlerinnen und NGO-Vertreterinnen aufeinander und spalten. Sehen die einen in der Prostitution eine Arbeit wie jede andere, und eine "Chance" für Migrantinnen, ist sie für die anderen Ausdruck einer schreienden Ungleichheit zwischen den Geschlechtern. Zur Zeit dominiert noch immer die Erste der beiden Positionen.

Hoffnung macht die Entwicklung auf europäischer Ebene: Frankreich steht kurz davor das "Nordische Modell" der Freierbestrafung im Senat zu beschließen. Irland ist auf dem gleichen Weg. Norwegen hat nach fünf Jahren "Nordisches Modell" kürzlich die Ergebnisse einer Evaluation veröffentlicht. Demnach ist die Nachfrage nach Prostitution deutlich zurück gegangen und Norwegen weniger interessant für Menschenhändler und Zuhälter geworden. Außerdem ist bei den jüngeren Männern zwischen 18 und 35 Jahren die Akzeptanz von Sexkauf geringer als vorher.

Ermutigend für alle "Stoppsexkauf"-Aktivistinnen war auch der FEMM-Initiativbericht über "Sexual exploitation an prostitution and its impact on gender equality" , der für das "Nordische Modell" als europaweite Regelung plädiert und von der Mehrheit der Abgeordneten positiv angenommen wurde.

Auch in Deutschland versucht jetzt die schwarz-rote Koalitionsregierung jenes Gesetz zu überarbeiten, dass vor zehn Jahren Rot/Grün beschlossen hat, weil es mittlerweile sogar nach Ansicht vieler Gesetzes-BefürworterInnen mehr Nachteile als Vorteile für die Prostituierten gebracht hat.

Prostitution ist ein Kernthema des Feminismus und vielleicht auch das Größte, das es für uns Feministinnen noch zu bewältigen gilt. Wir sind auf globaler Ebene zwar noch nicht all zu weit gekommen, aber ich bin stolz, Teil dieses internationalen Aufbegehrens gegen das frauenverachtende System Prostitution zu sein.

Quellenverzeichnis

Literaturverzeichnis

AG-LKP, Regelungen der Prostitution in Österreich, Wien 2012, Empfehlungen der Arbeitsgruppe „Länderkompetenzen Prostitution" im Rahmen der Task Force Menschenhandel (Leitung Marie-Theres Prantner, BKA-Frauensektion)

Barrett, Michèle (1983): Das unterstellte Geschlecht. Umrisse eines materialistischen Feminismus. Hamburg/Berlin.

Bebel, August (1976): Die Frau und der Sozialismus. Berlin.

Biermann, Pieke (1980): Wir sind Frauen wie andere auch. Prostituierte und ihre Kämpfe. Hamburg.

Bührmann, Andrea (1995): Das authentische Geschlecht. Die Sexualitätsdebatte der Neuen Frauenbewegung und die Foucault'sche Machtanalyse. Münster.

CEDAW (2009): Die UN-Konvention zur Beseitigung jeder Form von Diskriminierung der Frau. Wien.

De Vries, Petra (2010): L'Homme „Prostitution". From Slave to Sex Worker. Köln.

Dreher, Axel/Cho, Seo-Young/Neumayer, Eric (2011, updated 2012): Does Legalized Prostitution Increase Human Trafficking? Courant Research Centre. Göttingen.

El-Nagashi, Faika (2010): L´Homme „Prostitution". Weder Schuldige noch Opfer. Ermächtigungsstrategien im Kontext von Migration und Sexarbeit. Köln.

Engel, Friedrich (1976): Der Ursprung der Familie, des Privateigentums und des Staates. Berlin.

Flick, Kardorff, Steinke (2009): Qualitative Forschung. Reinbek bei Hamburg.

Foucault, Michel (1977): Der Wille zum Wissen. Sexualität und Wahrheit 1, Frankfurt a.M.

Gerheim, Udo (2012): Die Produktion des Freiers. Macht im Feld der Prostitution. Eine soziologische Studie. Bielefeld.

Grenz, Sabine (2007): (Un)heimliche Lust. Über den Konsum sexueller Dienstleistungen. Wiesbaden.

Grenz, Sabine, Lücke Martin (2006): Verhandlungen im Zwielicht. Momente der Prostitution in Geschichte und Gegenwart. Bielefeld.

Grüner Frauenbericht (2012): Frauenleben in Österreich. Die grüne Bildungswerkstatt. Position zur Regelung der Prostitution in Wien: OTS-Aussendung OTS0131, 23.5.2012.

Haug, Frigga (2001): Erinnerungsarbeit. (v.a. die Kap. „In der Arbeit zuhause sein"?; Exkurs: Politik um den Arbeitsbegriff), Argument Verlag. Hamburg.

Ivekovic, Rada (1984): Geschlechterverhältnisse und Frauenpolitik. Argument-Sonderband AS110. Berlin.

Jeffreys, Sheila (2014): Die industrialisierte Vagina. Die politische Ökonomie des globalen Sexhandels. Hamburg.

Kolmitzer, Andrea (2009): Das Dispositiv der Lust. Sexualität, Geschlechterdifferenz und Prostitution im Kontext der Foucault'schen Macht- und Diskursanalyse. Wien.

Kontos, Silvia (2009): Öffnung der Sperrbezirke. Zum Wandel von Theorie und Politik der Prostitution. Sulzbach/Taunus.

Lerner, Gerda (1998): Die Entstehung des feministischen Bewußtseins. Vom Mittelalter bis zur Ersten Frauenbewegung. München.

Lindner, Lilly (2011): splitterfasernackt. München.

MacKinnon, Catharine (1996): Politische Theorie Differenz und Lebensqualität. Geschlechtergleichheit: Über Differenz und Herrschaft. Frankfurt/Main.

MacKinnon, Catharine (2009, 2010, 2011): Trafficking, Prostitution, and Inequality

Millett, Kate (1985). Sexus und Herrschaft. Die Tyrannei des Mannes in unserer Gesellschaft. Hamburg.

Millett, Kate (1981): Das verkaufte Geschlecht. Die Frau zwischen Gesellschaft und Prostitution. Köln.

Notz, Gisela (1999). Über den traditionellen Arbeitsbegriff und die Notwendigkeit seiner Veränderung. UTOPIE kreativ.

Pachinger, Maria (2005): Marxismus Nr. 27. Sozialistischer und marxistischer Feminismus. Positionsentwicklung in den letzten 35 Jahren. Wien.

Schmackpfeffer, Petra (1989): Frauenbewegung und Prostitution. Über das Verhältnis der alten und neuen Frauenbewegung. Oldenburg.

Tertinegg, Karin (2009): aus „Was ist CEDAW"; Herausgeberin BKA – Bundesministerium für Frauen und Öffentlichen Dienst. Wien.

Weiss, Alexandra (2010): Regulation und Politisierung von Geschlechterverhältnissen im fordistischen und postfordistischen Kapitalismus. Innsbruck, Diss.

Wetterer, Angelika (2003): Rhetorische Modernisierung: Das Verschwinden der Ungleichheit aus dem zeitgenössischen Differenzwissen. In: Gudrun-Axeli Knapp/dies. (HG): Achsen der Differenz. Gesellschaftstheorie und feministische Kritik II. Münster

Filme

Das Erste, ARD, Panorama Reportage (November 2011): „Liberales Prostitutionsgesetz".

Glawogger, Michael (2011): „Whorse Glory", Österreich ORF, Am Schauplatz, „Endstation Bordell" (11/02/2011) Beitrag: Gabriele Grabner Politische Magazine des Deutschen und Österreichischen Öffentlich rechtlichen Rundfunks (ORF, ZDF, ARD).

Tidholm, Svante (2010): Dokumentarfilm „Like a Pascha", Schweden.

Verzeichnis der Internetadressen

Emma, Haupartikel Website (2011):
http://www.emma.de/kampagnen/prostitution/

Farley, Melissa (2000):
http://www.prostitutionresearch.com/faq/000008.html

Ex-Prostitutes Against Legislated Sexual Servitude
http://www.prostitutionresearch. com/laws/000207.html

Manifest der Sexarbeiterinnen, 2005:
http: //www.griselidis.com/pdf/all.pdf

Frauenministerium – Themen (2012):
http://www.frauen.bka.gv.at/site/6375/default.aspx

Hirsch, Joachim (2009): Die Krise des neoliberalen
Kapitalismus: welche Alternativen?
http://www.links-netz.de/K_texte/K_hirsch_alternativen

Bayerl, Klaus (2008): Prostitutionsgesetz:
Zuhälter-Profit statt Prostituierten-Rechte.
http://www.solwodi.de

Frauenberger, Sandra (2012): diestandard-online
http://diestandard.at/1339638571723/Wiener-
Frauenstadtraetin-Es-darf-keine-Prostitution-geben

Die Grünen (2011): derstandard-online
http://derstandard.at/1319182550106/Neues-Gesetz-
Strassenprostitution-Gruene-ueberlegen-Bereiche-in-der-
Wiener-Innenstadt

Mies, Maria (2006): Globalisierung, Fussball und
Sex-Industrie.

http://www.autonome-frauenhaeuser-
zif.de/gewalt_migrantinnen.htm

Österreichischer Weberat (2008): Entscheid.
http://www.werberat.at/verfahrendetail.aspx?id=740

Poulin, Richard (2005): SoZ- Sozialistische Zeitung.
Frauen- und Mädchenhandel.
Die Nataschas der Weltwirtschaft.
http://www.vsp-vernetzt.de/soz/0505152.htm

Regelung der Prostitution in Deutschland
http://www.bmfsfj.de/doku/publikationen/prostitutionsges
etz

Begriffserklärung – Prostitution versus Sexarbeit:
http://www.bayswan.org/sexwork-oed

INDOOR 2012 Equal right:
http://www.nswp.org/news-story/indoors-project-video-
equal-rights

diestandard, Indoor Video 7.Juli 2012:
http://diestandard.at/1341845070743/Julia-und-Ana-
gehen-arbeiten

Artikel zur Prostitution,
http://www.womenlobby.org

DasErste, ARD/Panorama (2011):
http://daserste.ndr.de/panorama/archiv/2011/prostitution12
9.html

Tjaden Karl Hermann:
Nur mit der proletarischen Frau wird der Sozialismus sie-
gen.
http://www.bdwi.de/forum/archiv/archiv/527806.html

Riepler, Lukas (2011): Der Funke.
http://www.derfunke.at/html/index.php?name=News&file
=article&sid=1925

Wiener Programm für Frauengesundheit (2012):
Prostitution in Wien.
http://www.frauengesundheit-
wien.at/frauengesundheit/prostitution.html

Dohnal, Johanna: Positionspapier zum Kongress,
http://www.johanna-dohnal.at

Selected extracts of the Swedish government report SOU
2010:49: (2010)
"The Ban against the Purchase of Sexual Services. An
evaluation 1999-2008"
http://www.sweden.gov.se

Prostitution und Menschenrechte (12.1.2000)
http://www.zeit.de/2000/03/200003.sfor_.xml
„Freier für den Frieden", Zeit-online

Tertinegg Cedaw,
http://www.un.org/womenwatch/daw/cedaw/text/econvent
ion.htm

OGH Entscheidung
http://www.ris.bka.gv.at/Dokument.wxe?Abfrage=Justiz&
Dokumentnummer=JJT_
19890628_OGH0002_0030OB00516_8900000_000)

MacKinnon, Catharine: Prostitution and Civil Rights –
Part 1 of 2,
http://www.prostitutionresearch.com/laws/000023.html

MacKinnon, Catharine 2009 „Trafficking, Prostitution, and Inequality", CEDAW
http:// www.unhchr.ch/tbs/doc.nsf

Schwarzer, Alice (2012):
Vom Glück sich zu prostituieren. Blog
http://www.aliceschwarzer.de
http://www.emma.de/ressorts/artikel/prostitution/prostituti on/

März Ursula (2009): Zeit Online. Die schmutzigen Fragen. Der Postfeminismus hat keine Meinung zu Flatrate-Bordellen.
http://www.zeit.de/2009/33/Flatrate

Leopold, Beate (2001): Analyse der Kompetenzprofile von Prostituierten als Voraussetzung für die sozio-professionelle Integration in den ersten Arbeitsmarkt.
http://www.koopkoma.de

Kuosmanen, Jari (2010): European Journal of Social Work. Attitudes and perceptions about legislation prohibiting the purchase of sexual services in Sweden.
http://dx.doi.org/10.1080/13691451003744341

Ver.di, Positionspapier:
Arbeitsplatz Prostitution im Brennpunkt.
http://besondere-
diens-
te.hamburg.verdi.de/themen/arbeitsplatz_prostitution/dow nload

Posterkampagne von Ruhama 2012
http://www.ruhama.ie/page.php?intPageID=244

Zeitschriften

Meissl-Arebo, Ingrid (2011): Dossier, Prostitution, Ware Frau. Sexkauf ist strafbar. Emma.

MacKinnon, Catharine (2011): Dossier, Prostitution, Ware Frau. Prostitution ist Menschenhandel. Emma.

AEP Information (Arbeitskreis Emanzipation und Partnerschaft). Feministische Zeitschrift für Politik Gesellschaft, 2009.

Selbstgeneriertes Forschungsmaterial

Social resursförvaltning / Prostitutionsgruppen, eine Prostitutions-Beratungsstelle in Göteburg, E-mail vom 25. Juni 2012.

My questions are: * how did the state support the prostitutes compared to the time before the law * how many prostitutes are taking part in this program and * is there already success in that case /numbers?
Answer: I am sorry to say that I do not know of any studies of that sort. I will try to explain but my English is not the best, if you do not understand what I try to say please let me know. The possibility to receive help in Sweden to leave prostitution is regulated in the Social Welfare system by law that say that the local government has the responsibility to care for its citizens. There is no „exit program" that has come as a result of the law against purchase of sex. In Sweden we have three prostitution units that offer counselling and guidance to persons buying or selling sex. We have offered this support since many years before the legislation. The possibility to receive financial help or shelter is based on if you are a Swedish citizen or not and your need for protection. There are no „programs" to enter, the Social Service makes a decision in each individual case for what sort of support a person is entitled to, based on the needs of that individual and the general social welfare legislation. The support we can offer specially for people in prostitution is guidance, counselling and in Stockholm also the possibility to see a midwife or doctor. So to answer your questions – the support is the same as before the law – it is hard to say since there are no exit programs specially for people with experience of prostitution. At the prostitution unit in Gothenburg we offered guidance and counselling last year to about 50 persons

who have sold sex, I am not sure of how many persons who
have bought sex who has received support since it is another
part of our organisation, you can contact Maia Strufve if you
need information about people buying sex
(maia.strufve@socialresurs.goteborg.se). As we see it the benefit of our legislation is that since selling sex is not illegal we
can offer help to these persons. Among the population in Sweden the attitude towards buying sex has changed and fewer
persons actually buy sex. The Police also report that Sweden
has few victims of human trafficking for sexual purposes compared with countries where it is legal to buy sex and make
profit of other persons prostitution. I send you an attached file
about studies of attitudes towards buying and selling sex in
Sweden. Best Regards, Prostitutionsgruppen / prostitutions-
gruppen@socialresurs.goteborg.se

Gedächtnisprotokoll, persönliches Gespräch mit Li-lian Hofmeister, August 2012.

Hofmeister wörtlich: Das Patriarchat arbeitet mit Hierarchie-
bildung und Exklusion. Die Hierarchie erzeugt sich von selbst
durch Abwertung und Unterwerfung; die Exklusion schließt
Menschen nach vielfältigen, oft wechselnden und diskrimini-
renden Kriterien aus und reduziert damit die Konkurrenz innerhalb der Gruppe. Das soziale Geschlecht ist ein wesentli-
ches vorurteilsbehaftetes, oft unausgesprochenes Diskrimini-
rungskriterium. Frau zu sein gilt im Patriarchat als defizitär.
Die Definitionsmacht liegt beim „Rudel" der Väter, andere
Menschen sind ausgeschlossen. Horst Herrmann nennt das
Phänomen deshalb „ Patronomie". Während sich die (vorerst
auch) ausgeschlossenen Söhne entlang der Hierarchieleiter
„hochdienen" können, ist dieser Weg den Frauen in aller Regel
versperrt. Die Verprostituierung von Frauen positioniert alle

Frauen ans Ende der Hierarchie und ist meines Erachtens die wichtige Säule zur Stabilisierung des Systems. Sie ist ein Teil des Konzepts zur Kontrolle der Sexualität durch Unterwerfung der Frauen. Sie erzeugt eine tiefe Spaltung innerhalb der Gruppe der Frauen und differenziert zwischen ehrbaren und anderen Frauen.

Durch Prostitution entsteht eine bitterböse Konkurrenzlage unter Frauen und bietet eine Alternative zur Sexualitätsausübung innerhalb der Ehe, die als gesellschaftlich erwünschte familienrechtliche Institution gesehen wird. Mir ist der systemische Ansatz wichtig in diesem Zusammenhang.

Ich meine, dass jede Form von Prostitution die Würde aller Frauen verletzt. Ich sage das nicht aus Prüderie, sondern weil ich überzeugt bin, dass die sexuelle Verfügbarkeit von Frauen die gesellschaftliche Stellung aller Frauen schädigt. Die Begegnung der Geschlechter auf Augenhöhe ist ausgeschlossen, solange irgendwo eine Frau bereit ist, sich zu prostituieren.

Dabei gehe ich von einem Prostitutionsbegriff aus, der eine wirtschaftliche Notlage oder zumindest das Streben nach Existenzsicherung seitens der Frauen einschließt. So gesehen ist die Freiwilligkeit bei der Ausübung der Prostitution anzuzweifeln, weil die ökonomischen Verhältnisse auch eine Zwangslage erzeugen. Außerdem wäre es an der Zeit, wissenschaftliche Analysen im großen Stil zu den individuellen Ursachen für Prostitution vorzunehmen.

Für mich verstößt das Phänomen Frauenprostitution gegen Art 5 a CEDAW, weil weltweit überwiegend Frauen betroffen sind und die stereotypische Sicht auf Frauen immer wieder verfestigt statt hinterfragt und abgeschafft wird.

Die Mitglieder der UNO haben auf verschiedene Weise rechtlich auf Prostitution reagiert. Man denke an Schweden, das die Freier ins Visier genommen hat. Oder an den Iran, der mit Internetunterstützung und Billigung von muslimischen Imamen befristete Ehen erlaubt, um der Prostitution den ehrbaren Anstrich zu geben, der die religiöse und rechtliche Ordnung nicht stört. Die sozialistische Regierung in Frankreich plant derzeit sogar das Verbot von Prostitution, was eine Anzahl prominenter Künstlerinnen und Intellektuelle mobilisierte, dagegen aufzutreten (SPIEGEL 35/2012, S. 89). Sie fürchten um die Situation der einzelnen Frau. Dabei wird meines Erachtens das Mitgefühl für die Prostituierten betont, ohne dass das Systemische des Problems erkannt und reflektiert wird. In Österreich hat der Staat die Prostituierten schon lange als Steuerzahlerinnen anerkannt, indem sie von den Finanzämtern eingeschätzt wurden. Auch im Rahmen der zivilen Zwangsvollstreckung wurden deren Einkünfte bei der Bemessung des Existenzminimums berücksichtigt. In den Landesgesetzen wurden mehr oder minder günstige Regelungen für die Ausübung der Prostitution in den einzelnen Bundesländern geschaffen, wobei mehr die öffentliche Ordnung im Sinne des Patriarchats und nicht die Interessen der Frauen im Mittelpunkt standen. Zuletzt ist der Oberste Gerichtshof von seiner bisherigen Judikatur, der sog. „Schandlohn „aus Vereinbarungen über Prostitution sei nicht einklagbar, weil der Vertrag zwischen Prostituierter und Freier sittenwidrig wäre, abgegangen und erlaubt nun grundsätzlich – bei unveränderter Rechtslage – die Einklagung, wenn nicht Leichtsinn, Unerfahrenheit, Triebhaftigkeit und Trunkenheit im Spiel waren – auf Seiten des Freiers (3 Ob 45/12 g). Eine für mich seltsame Lösung, die neue Fragen aufwirft. Abschließend ist mir wichtig festzuhalten, dass die einzelnen Frauen möglichst weitgehend unterstützt und abgesichert werden sollen, auch wenn sie äußern, freiwillig in der Prostitution zu „arbeiten"; Dass wir aber den Blick für die Interessen aller Frauen und ihren Anspruch auf Respekt und Anerkennung ihrer Würde innerhalb der Weltgesellschaft nicht verlieren dürfen und im Sinne der CEDAW und der „Platform for Action" gegen patriarchale Stereotype auftreten müssen, wenn wir feministisch denkende Frauen genannt sein wollen.

**Gewerkschaft Verdi in Deutschland.
Die Soziologin Emilija Mitrovic hat zu den Fragen
telefonisch Stellung genommen, August 2012.**

1.   Stimmt es, dass nur ein Prozent der Prostituierten
einen Arbeitsvertrag hat?

M: Kann man so nicht sagen, es gibt darüber keine seriö-
sen Zahlen. Prostituierte haben unterschiedliche Arbeitsverträ-
ge, mal als Barfrau und arbeiten trotzdem dann als Sexarbeiterin.

2.   Wie viel Prostituierte lassen sich pro Jahr gewerkschaftlich vertreten?

M: Keine einzige bisher. Keine empfindet das als normale
Arbeit.

3.   Gibt es gewerkschaftliche Klagen von Prostituierten
gegenüber ihren Arbeitgebern?

M: Nein.

4.   Konnten die Vorhaben, Rechtsberatung, Steuerbera-
tung, Gesundheitsberatung, Ausstiegsprojekte, die in dem Pa-
pier „Arbeitsplatz Prostitution" angeführt sind, umgesetzt werden?

M: Es gibt Meetings mit Beratungsstellen und ver.di
„Ratschlag Prostitution" – da gibt es die Möglichkeit für Prostituierte über solche Dinge zu reden.

5.   Unter welche Art von Arbeit fällt die Prostitution?

M: Dienstleistung.

6.   Was sollte aus Sicht der Gewerkschaft, nachdem das ProstG zehn Jahre in Kraft ist, unbedingt verbessert bzw. geändert werden?

M: Aus ihrer Sicht sollte unbedingt die Sperrgebietsverordnung abgeschafft werden, da Prostituierte ein sehr hohes Bußgeld bezahlen müssen, wenn sie erwischt werden (beim ersten Mal Euro 200,– beim zweiten Mal 400,–).

Mitrovic merkt noch an, dass das Schwedische Modell deshalb in Deutschland gar nicht möglich wäre, weil es in Deutschland kein solches Gewaltschutzgesetz für Frauen gibt. Schweden sagt nicht nur, dass ist gegen die Würde der Frau, sondern es ist Gewalt gegen Frauen und von daher ist dieses Bestrafungsgesetz für Freier möglich.

Dank

Nachdem ich mich nun seit etlichen Jahren mit dem Thema Prostitutionspolitiken auseinandersetze und daraus nicht nur eine Masterthesis sondern nun auch dieses Buch entstanden ist, ist es Zeit, mich bei einer Vielzahl von Menschen zu bedanken.

Meiner Lebenspartnerin und dem mir wichtigsten Menschen Susanne Riegler möchte ich ganz besonders danken. Sie war es, die mich in dieser oft auch wirklich sehr schwierigen Zeit des Schreibens auf vielfältige Weise unterstützt, wohlwollend begleitet und mich auch motiviert hat, nicht aufzugeben.

All meinen anderen Freundinnen und Arbeitskolleginnen, die auf so unterschiedliche Weise, wie durch Diskussionen, Recherchen, Ermunterungen, Zuhören oder gemeinsame Stunden bei einem guten Essen oder bei einem Glas Wein daran beteiligt waren, möchte ich danken: Monika Vali (Grafik der Masterthesis), Elisabeth Aulehla (Lektorat der Masterthesis), Ingrid Leibezeder, Karola Frenzel, Michaela Schiller, Sandra Ernst Kaiser, Eva Taxacher und Sabine Karner.

Einen speziellen Dank auch meiner Masterthesis-Betreuerin Mag. Dr. Alexandra Weiss. Sie war der „politische Pfeiler", den ich gebraucht habe, um immer inhaltlich beim Thema zu bleiben, und sie hat mich immer wieder aufgefordert, ganz genau zu definieren und zu präzisieren, was ich wirklich sagen will.

Lilian Hofmeister möchte ich sehr herzlich danken, sie hat mich feministisch und vor allem juristisch „gestärkt".

Das Feministische Grundstudium am Rosa-Mayreder-College im Jahr 2002/2003 war die Ausbildung, die meine politische Bildung sehr gefördert hat. Den Masterlehrgang konnte ich erst zehn Jahre später beginnen. Für die spannenden Inhalte danke ich Ursula Kubes-Hofmann und allen anderen Lehrenden – sie haben Rahmenbedingungen geschaffen, die

einen feministischen Diskurs in dieser Qualität erst ermöglicht
haben.

112

Anita Kienesberger, im November 2014

Sandra Müller
Ehrbare Frauen
Zwischen Schauspiel, Macht und Erniedrigung -
Einblicke in die Leben von Dominas und Prostituierten

ISBN: 978-3944442-11-2
148 S., 14,90 €
Auch als E-Book
ISBN: 978-3944442129, 9,90 €

14 Frauen zwischen 27 und 57 Jahren, die als Dominas und Prostituierte in Deutschland und der Schweiz tätig sind oder waren, erzählen in Ich-Form aus ihrem privaten Leben und von ihrer Arbeit: ehrlich, schonungslos, offen.

Sheila Jeffreys
Die industrialisierte Vagina
Die politische Ökonomie des globalen Sexhandels

ISBN: 978-3-944442-09-9,
280 S., 29,90 €

Die australische Professorin Sheila Jeffreys beschreibt, wie sich die Sexindustrie zu einem sehr profitablen Marktsektor entwickelt hat, der von einigen Regierungen legalisiert und entkriminalisiert wurde. Jeffreys demonstriert die Globalisierung der Prostitution und weist auf die Ausbreitung der Pornografie und den Boom von Sexshops, Stripclubs und Begleitagenturen hin. Sie bezieht thematisch die Katalogbrautindustrie, den Sextourismus, den Frauenhandel, die Militärprostitution und die sexuelle Gewalt im Krieg mit ein.